大川隆法

Ryuho Okawa

イランの反論

ロウハニ大統領・ハメネイ師守護霊、ホメイニ師の霊言

まえがき

イランにとって、日本は親しい国なのだが、今の日本にとってはイランは遠い国だ。産油国の一つとしか思っていないだろう。

かつて連続テレビドラマで「おしん」がはやった時、イラン国民も日本が発展した理由がわかって、フィーバーしたものだ。

今回は、日本人には、あまり知られてないイランの三人の国家指導者の霊言、守護霊霊言を通してイランの本音(ほんね)に迫ってみた。

サウジアラビアの石油タンクがドローンと巡航ミサイルで攻撃された後、本書収録後は、今度はイランのタンカーの石油貯蔵タンクが攻撃されている。そんな中、米軍はサウジアラビアへの軍の増派を決めた。イラク戦争のような間違いが起きねばよいのだが、と願う次第である。

二〇一九年　十月十五日

幸福の科学グループ創始者兼総裁　大川隆法

イランの反論　ロウハニ大統領・ハメネイ師 守護霊、ホメイニ師の霊言　目次

二〇一九年九月二十八日　収録
幸福の科学　特別説法堂にて

序章　「イランの反論」の背景

第1章　ロウハニ大統領守護霊の霊言

二〇一九年九月二十八日　収録
幸福の科学 特別説法堂にて

3 中東各国に伸びる「中国の触手」を見抜く 75

4 「テロ支援国家」という偏見、これだけの不当性 81

第2章　ハメネイ師守護霊の霊言

二〇一九年九月二十八日　収録
幸福の科学　特別説法堂にて

2 イスラム側から見た「キリスト教価値観の歪み」 118

3 ユダヤ教・イスラエルの動き、正当なラインは 127

4　日本・安倍首相へのメッセージ　148

第3章　ホメイニ師の霊言

二〇一九年九月二十八日　収録
幸福の科学 特別説法堂にて

第4章　日本はアメリカとイランの仲介(ちゅうかい)を

二〇一九年九月二十八日　収録

幸福の科学 特別説法堂にて

第5章　ホメイニ師の霊言②

二〇一九年九月二十九日　収録
幸福の科学 特別説法堂にて

3 イランは今文明最古の宗教発祥の地

あとがき　254

序章　「イランの反論」の背景

二〇一九年九月二十八日　収録

幸福の科学　特別説法堂（せっぽうどう）にて

1　キリスト教圏とイスラム教圏の対立の背景にあるもの

イスラム指導者たちに「イランの反論」をお訊きしたい

大川隆法　今年（二〇一九年）の参院選前の六月に発刊した『日本の使命』と『リーダー国家　日本の針路』（共に幸福の科学出版刊）という本のなかに、すでに、イランのロウハニ大統領と第三代最高指導者・ハメネイ師の守護霊霊言を収録してはいるのですが、ほかの講演録等と一緒にして、それとは異なる書名を付けたために、少し分かりにくいかもしれません。

ハメネイ師守護霊も、「また正式に公開霊言をやりた

『リーダー国家　日本の針路』（幸福の科学出版刊）

『日本の使命』（幸福の科学出版刊）

い」ということも言っていましたので、今日は、「イランの反論」ということで、まとめてお聞きしようかと思っています。

多国籍軍を募ってイラン攻撃をしたそうなトランプ大統領

今、香港や台湾情勢等も緊迫していますけれども、場合によっては、トランプ大統領はイラン対策のほうを急ぎそうな感じもあります。多国籍軍を募って（イランを）攻撃したそうなふうに見せてはいます。もっとも、ノーベル平和賞を目指しているらしいので、それが終わるまでは（軍事行動を）やらないと思いますが、それでも、イランに圧力をかけているようではあり、ちょっと〝性急〟な印象があるのは否めません（注。本収録後に発表された二〇一九年のノーベル平和賞では、トランプ氏は受賞しなかった）。

また、安倍首相が仲介でイランに交渉に行っていたときには、日本所有のタンカーが襲われるようなこともあり、やや〝奇々怪々〟な感じはありました。

それから、最近（九月十四日）、サウジアラビアでは、ドローン（無人航空機）とミサイルを合わせての攻撃だったと思われますが、石油タンクが狙われて炎上しました。このとき、イエメンのフーシ派が犯行声明を出したのに対し、アメリカ側は「いや、これはイランの仕業である」と主張しています。「イエメンはサウジアラビアよりも南のほうの外れにあり、攻撃するにしてもかなりの距離がある。イラン側からイラクと湾岸をかすめて攻撃したほうが近いし、動機から見てもそうに違いない」ということで、アメリカはイランに対して攻撃する仲間を募っているような状況かと思います。

2019 年 9 月 14 日にドローン（無人航空機）攻撃を受けた石油施設（サウジアラビア・アブカイク）。

日本人が疎い中東情勢の流れを概観する

このあたりの中東情勢のことになると、日本人は少々疎いところがあり、各国の事情があってよく分からないのではないでしょうか。戦争も過去に何度もあったので、何がどうしてどうなったか、その因果関係がよく分からなくなっているとは思います。

簡単に言えば、アメリカはイスラエルの応援をしていて、サウジアラビアに軍事基地を置いています。

二〇〇一年に、先の「9・11」、ワールドトレードセンターの爆破事件があったときには、息子ブッシュ大統領が、「裏で糸を引いているのはイラクだ」として、湾岸戦争時にイラクを攻撃した父ブッシュ大統領に続いて、二回目のイラク攻撃をして占領しています。その後、イラクの戦争状態からの立て直しがありました。

イラクとイランも戦争状態にあることがけっこう多く、一九八〇年代に入ってから八年ほど「イラン・イラク戦争」というものもありました。その直前、イランのほうで、ややアメリカ寄りだったパーレビ国王を打倒する「ホメイニ革命」●というものが起きたわけです。つまり、〝アンチアメリカ〟の保守反動革命が起きて、ホメイニ師が立ち、そのあと、今、ハメネイ師がそれを継いでいるということです。

イラン・イラク戦争のときには、アメリカはイラクのほうを応援していたので、イラクに武器援助や資金援助をしたり、イラクからイランを攻撃したりしていました。

そのため、イラクのサダム・フセインは、「アメリカが応援してくれている」と思ってすっかり安心して、「アメリカ大使館にクウェートに侵攻すると伝えたにもかかわらず、アメリカ側からは何も言ってこなかったからOKだ」と判断したのでしょう。

こうして、「地下でつながっている油田から、クウェートが余分に油を吸い上げて売っているのは、イラクの石油を盗んでいるようなものだ」という名目で、イラ

●**ホメイニ革命**　1979年にイランで起こった革命。西欧化政策を採ったパーレビ王朝の独裁に対し、イスラム教シーア派が反乱を起こし、ホメイニ師を最高指導者としたイスラム教に基づく共和国（イラン・イスラム共和国）を樹立した。イラン革命、イスラム革命ともいう。

クがクウェート侵攻をしたのが一九九〇年のことです。要するに、イラン・イラク戦争が終わってから二年ぐらいで、クウェート侵攻をしたわけです。

イラクにクウェートを占領されたため、父ブッシュ大統領は慌てて世界に訴えかけて多国籍軍を組み、クウェートを奪回した（湾岸戦争）ものの、イラクの完全制圧までは行いませんでした。戦争では勝っていたのに、「クウェートからイラク軍を追い返すことが目的だった」ということで、途中でやめ、首都・バグダッドの占領まではしなかったのです。その結果、サダム・フセインはそれから十年以上、生き延びました。

そして、息子ブッシュ大統領の時代に、「9・11」のハイジャック事件があったわけです。アメリカの旅客機四機が乗っ取られ、ワールドトレードセンターを狙ったものだけでなく、ペンタゴンも襲われたり、ホワイトハウスを狙ったと思われるものもあったりしました。

この事件はアメリカの威信にかかわる出来事であり、息子ブッシュ大統領は、

「あれだけの破壊活動をされたのに、何もしないわけにはいかない」ということで、CIAによる「イラクが後ろから糸を引いている」といった判断もあり、「イラクが大量破壊兵器を持っている」と訴えかけるなどして、父親がしなかったイラクの全面制圧まで行いました。さらに、地下のドブのようなところに隠れていたサダム・フセインをネズミのごとく引きずり出し、裁判にかけて絞首刑にするということまでやりました。

ただ、そのあと、いくら探しても大量破壊兵器も化学兵器も見つからず、「はたして、あの戦争は正しかったのか。情報が間違っていたのではないか」とも言われています。

また、最近亡くなったフランスのシラク元大統領なども、当時、イラク攻撃には反対していましたが、後に、「イラクに大量破壊兵器等が見つからず、大義名分がなかった」と分かったことで、フランスの威信を高めたという評価もあるようです。

背景には、そのような経緯があります。

2 隠されたアメリカの意図

オサマ・ビン・ラディンとサウジ王室との関係を隠すアメリカ

最終的には、オバマ大統領のときに、パキスタンに潜伏していたオサマ・ビン・ラディンの隠れ家を急襲して仕留めたわけなのですが、オサマ・ビン・ラディンは、実はサウジアラビア人なのです。しかも、裕福な家系の出身で、以前からブッシュ家とは、石油利権のところでサウジアラビアの王室も絡んで、非常に友好な関係にあったわけです。

ところが、ハイジャック事件に関係した人は十九人いたと思いますが、そのうちの十五人はサウジアラビア出身の人たちだったのです（注。実行犯が二十二人、そのうちの十九人がサウジアラビア人という説もある）。オサマ・ビン・ラディンはその首魁であるので、「本来ならば、攻撃する相手はサウジアラビアでなければいけない」ところでしたが、イラクのほうを攻撃し、最後はオサマ・ビン・ラディンをパキスタンで仕留めるということをしています。

オサマ・ビン・ラディンの一族は、「9・11」のあとも、まだアメリカ国内にいたことが分かっていて、三日目になって、アメリカはみすみすプライベートジェットで彼らを国外に逃がしているのです。

このあたりのところについては非常に読みにくい面があります。

サウジアラビアの石油利権を持っているところが、政治的にアメリカ大統領選の応援をしていたことがあったようです。〝付き合い〟がかなり深かったらしく、迎賓館に泊まらせるぐらいの人が犯人のなかにいたことが分かっていますが、これはアメリカにとっては都合が悪いことなので、外部に情報が出ないよう、懸命に隠しています。

そのように、イスラエル、サウジアラビア、アメリカの関係には非常に深いものがあります。

サウジアラビアにはイスラム教のカーバ神殿があるので、ここが発祥地ではあるのですけれども、サウジアラビアが「スンニ派の盟主」といわれる一方、イランは「シーア派の盟主」といわれていて、ここで分かれているわけです。そして、「シーア派 対 スンニ派」の対立が続いていて、本来、イスラム教同士なのですが、この対立に他国がかかわっているというような関係になっています。

ボルトン氏更迭後も残る強硬派

また、アメリカのほうは、最強硬派のボルトン大統領補佐官を更迭しましたが、まだまだ強硬派は残っているので、イラン攻撃のタイミングを計っているような状況かと思います。

それから、九月にはニューヨークで国連総会があるというのに、最初は、アメリカがイランの大統領に対してビザを出すのを拒否していたようです。ただ、トラン

●スンニ派　イスラム教の二大宗派の一つ。ムハンマドの言行録である『ハディース』を行動規範として重視する。イスラム教徒全体では、スンニ派が８割以上を占める。

プ大統領が、「話をしたいという人を拒(こば)むつもりはない」と語り、ぎりぎりでビザが発給されました。

ロウハニ大統領は、国連での演説等において、イランによるサウジアラビアへの攻撃を否定するとともに、「イランに制裁をかけている状態で、アメリカとの対話はありえない」「最高指導者であるハメネイ師も、トランプ大統領と会う必要はないと言っている」というようなことを語りました。

大まかではありますが、背景にはそのようなことがあると言えるでしょう。

イスラエル・ネタニヤフ首相とトランプ大統領の親密すぎる関係

さらに、ここにイスラエルも絡(から)んでいるのが難しいところです。

イスラエルのネタニヤフ首相は、アメリカのMIT（マサチューセッツ工科大学）を卒業しています。そして、現地のコンサルティング会社に勤めていたこともあって、アメリカとのコネクションがかなり深いのです。アメリカ人的なものの考

●シーア派　イスラム教の二大宗派の一つ。ムハンマドに連なる血統の最高指導者（イマーム）を重視し、イスラム教４代目カリフであるアリー・イブン・アビー・ターリブを初代イマームとしている。

え方もできます。

また、トランプ大統領の娘イヴァンカさんの夫はユダヤ教徒であり、ネタニヤフ首相とも非常に親しい関係にあるようです。アメリカに来るときには、彼の家に泊まり、ベッドを空(あ)けてネタニヤフ氏が寝(ね)たりしたこともあったそうです。

それくらいの関係なので、トランプ大統領も、〝ややまずい〟というか、個人的なつながりを重視しすぎる傾向(けいこう)はあるかなという感じはしています。

ゴラン高原の扱(あつか)いは、国際法上認められない

「第三次中東戦争」で、イスラエルはシリアと戦い、ゴラン高原を支配しました。その後、一部はシリアに奪還(だっかん)されたこともありましたが、また押(お)し返しています。

第三次中東戦争時、イスラエルは大阪(おおさか)府ぐらいの面積の土地を取っていたのですが、今は東京都の半分程度になっています。ただ、国際法上は、「侵略(しんりゃく)によって取ったものは、その国のものとして認められない」ことになっているため、国際的にイス

ラエルの主張は受け入れられていません。

ただ、最近、イスラエルのネタニヤフ首相の再選がけっこう危ないということで、トランプ大統領は応援を兼ねて今年の三月二十五日に会談をし、「ゴラン高原におけるイスラエルの主権を認める」と宣言しました。

また、トランプ大統領は、「エルサレムをイスラエルの首都として承認する」というところでも応援のエールを送っており、再選できるようにしているという関係があります。


シリアとイスラエルの国境が接するゴラン高原

ユダヤ系の人々の支援を取り付けたトランプ大統領の国際法違反

　これがまた、宗教的にはもう一段難しいところがありますけれども、なぜこのようなことをするのでしょうか。

　実は、トランプ大統領が前回の選挙に勝ったなかには、ユダヤ系の人たちの応援もだいぶあったのです。アメリカにおいて、ユダヤ系資本は、「金融資本」と「マスコミ系のオーナー」等を押さえているところがありますが、トランプ大統領はこのイスラエル系、ユダヤ系の人たちの支援を取り付けていたために、エルサレムの首都認定をしたり、ゴラン高原が「トランプ高原」になったりしながら、組み入れられたりするような、国際法違反のことをやってしまったわけです。

　ただ、これがよいのであれば、同じようにロシアのクリミア編入も別に構わないことになるので、アメリカはこれを言う権利がなくなってしまったことになります。

　そういうこともありました。

トランプ氏支持の福音派が期待する「メシア・イエスの復活」

また、アメリカでは、「キリスト教の福音派」の人が国民の三割ぐらい、三十パーセント前後を占めていると思われます。これはかなり大きな勢力であり、右派なのです。そのため、トランプ大統領や共和党などの応援によく使われているところではあります。

この福音書を重視する人たちは、いわゆる「最後の審判」的な考え方を持っていて、「今のままであれば、ユダヤ教とキリスト教が分かれたままになっているが、『最後の審判』のときに状況が変わる」と考えているわけです。

そのため、一九四八年にパレスチナのなかに国を建てたことは、すなわち、「イスラエルが千九百年ぶりに国家を取り戻すという奇跡が起きた」と捉えていると思われます。

この福音派が次に考えているのは、「イスラエルがアラブ諸国を平定し、統一国家をつくるようなことができたならば、今までメシアと認められていなかったイエスが、メシアとして認められることになる」ということでしょう。

要するに、ユダヤの伝統では、宗教的リーダーであるだけでは駄目（だめ）で、政治的にもリーダーでなければならず、この世においても勝たなければいけないわけです。福音派の人たちは、「もし、復活したイスラエルが、イスラムを平定することができたならば、イエスはまさしく救世主であるということで、キリスト教とユダヤ教が一体になることができる。最終戦争が起きるのは、このときだ」というような考え方を持っています。

こうした思惑（おもわく）とユダヤ教のほうの思惑とが、今、一体になって動いているわけです。

3　中東での「最終戦争」危機を回避するために

イランがイスラエルを敵対視している切実な理由

したがって、イランがイスラエルを敵対視しているのには理由があります。それはもちろん、イスラエルがイスラム圏への侵略の意図を持っているからです。向こうは滅ぼす気があるのです。

そうであるにもかかわらず、イスラム教の聖地であるサウジアラビアには米軍基地があり、イスラム教内部でも対立している状況になっています。

シリアに関しては、ロシアのプーチン大統領とイランが、シーア派の「アサド政権」を応援し、「反乱軍」のほうをイスラエルやアメリカが支援しているという構図になっています。要するに、シリアのところでも、アメリカはイランとぶつかっている状況なのです。

いずれにせよ、これは上手に整理しなければ、中東で本当に「ハルマゲドン」、「最終戦争」が起きるかもしれない状況が近づいているかもしれません。

もし、今世紀中は逃(のが)れられたとしても、いずれ、何らかの決着はつくのではないかなと思っております。

このようなことが背景にありますので、なかなか理解はいかないだろうとは思いますけれども、要するに、「イスラム教も一枚岩ではない」ということです。

日本に親近感を持っているイランの指導者たち

こういう背景を入れた上で、●前回の霊言(れいげん)では、イランの指導者たちが、日本に対して非常に親近感を持っているということが分かりました。

ただ、前回はパーソナルなインタビューであり、フォーマルなものではありませんでしたので、基礎(きそ)知識としては持っておきつつ、いったん置いておき、もう一度、

●前回の霊言……　『日本の使命』『リーダー国家 日本の針路』（前掲）参照。

フォーマルに、「大統領、あるいは最高指導者として、どう考えておられるのか」について、今日は訊きたいと思います。世界に出してもいい公式発言を訊きたいということです。

ロウハニ大統領とハメネイ師の守護霊は、両方とも、なぜか日本語が堪能なので、英語でわざわざ（霊言を）して、肝心な論点をうまく言えなかったら申し訳ないので、（カナダ巡錫前の）英語の練習にはなりませんが、日本語でやりたいと思います。

ちなみに、今日の霊言が、公式記録で私の二千九百九十九回目の説法になりますので、これが終わりましたら、カナダで「三千回突破」ということが言えます。最近はもう、ほぼ毎日説法をしているのですが、最短

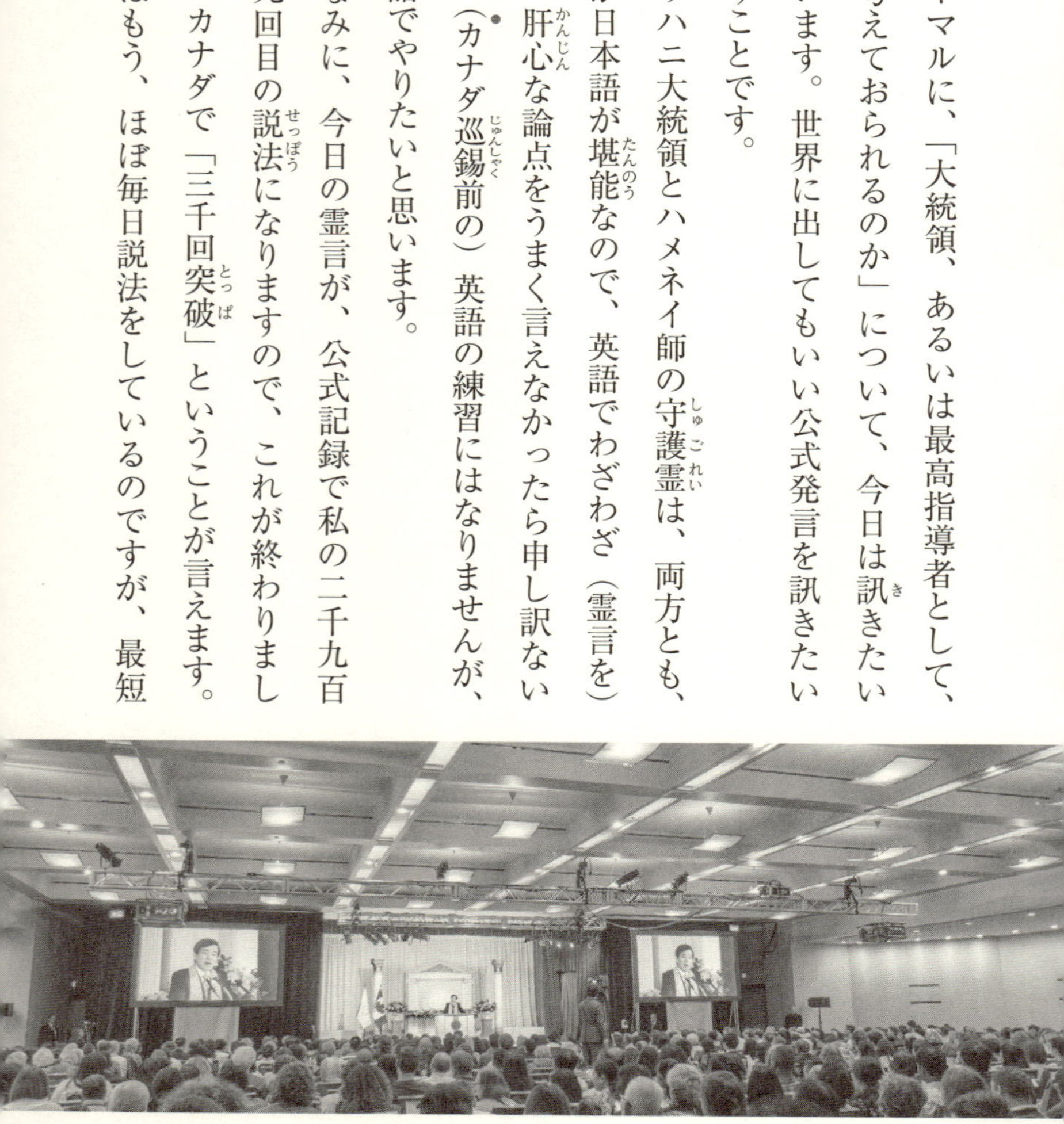

●**カナダ巡錫**…… 2019年10月6日、カナダ・トロントのザ ウェスティン ハーバー キャッスル トロントにて、“The Reason We Are Here”と題し、英語講演および質疑応答を行った。

で三千回を目指すということで、根性でやっております（注。本収録の翌日の九月二十九日、カナダ・トロント巡錫前に収録した「ホメイニ師の霊言②」で、三千回を突破した。本書第5章参照）。

では、（霊言に入るので）よろしくお願いします。

「霊言現象」とは、あの世の霊存在の言葉を語り下ろす現象のことをいう。これは高度な悟りを開いた者に特有のものであり、「霊媒現象」（トランス状態になって意識を失い、霊が一方的にしゃべる現象）とは異なる。外国人霊の霊言の場合には、霊言現象を行う者の言語中枢から、必要な言葉を選び出し、日本語で語ることも可能である。

また、人間の魂は原則として六人のグループからなり、あの世に残っている「魂のきょうだい」の一人が守護霊を務めている。つまり、守護霊は、実は自分自身の魂の一部である。したがって、「守護霊の霊言」とは、いわば本人の潜在意識にアクセスしたものであり、その内容は、その人が潜在意識で考えていること（本心）と考えてよい。

なお、「霊言」は、あくまでも霊人の意見であり、幸福の科学グループとしての見解と矛盾する内容を含む場合がある点、付記しておきたい。

第1章　ロウハニ大統領守護霊の霊言

二〇一九年九月二十八日　収録
幸福の科学　特別説法堂にて

ハサン・ロウハニ（一九四八〜）

イランの政治家。イスラム教シーア派の聖職者。テヘラン大学卒業後、イギリスのグラスゴー・カレドニアン大学に留学し、博士号を取得。イラン革命後に海外から帰国し、イラン・イラク戦争に参加、高等国防委員会委員、イラン空軍司令官、イラン国軍副司令官を歴任する。穏健派のラフサンジャニ元大統領の側近として知られ、二〇〇三〜〇五年には核交渉責任者を務める。一三年、大統領選で過半数の票を獲得し、大統領に就任。

質問者

藤井幹久（幸福の科学宗務本部特命担当国際政治局長〔参事〕）

及川幸久（幸福実現党外務局長）

小林真由美（幸福の科学宗務本部国際政治局チーフ）

［質問順。役職は収録時点のもの］

1　北朝鮮とイランは何が違うのか

イランに国連総会で演説をさせたのは「攻撃前のアリバイづくり」

大川隆法　それでは、イランの大統領、ロウハニ大統領の守護霊よ。どうか、幸福の科学 特別説法堂に降りたまいて、イランの公式なお考え、あなたの公式なお考えについて、お述べくださいますようお願い申し上げます。

ロウハニ大統領よ。国連で演説されました、ロウハニ大統領の守護霊よ。よろしくお願いします。

ロウハニさんの守護霊よ。どうか、降りてきてください。よろしくお願いします。

（約五秒間の沈黙）

ロウハニ大統領守護霊　はあ（ため息）。

藤井　本日はありがとうございます。

ロウハニ大統領守護霊　ほお……。

藤井　ロウハニ大統領の守護霊ということでよろしいでしょうか。

ロウハニ大統領守護霊　はあ（ため息）。幸福の科学か。

藤井　再びお越しくださり、ありがとうございます。

国連総会で演説するイランのロウハニ大統領
（9月25日、アメリカ・ニューヨーク）。

ロウハニ大統領守護霊　ああ。報告は受けたよ。

藤井　はい。

ロウハニ大統領守護霊　何か少し、「イランに対して、日本からエールは来ている」という報告は受けているので、ありがたいと思っています。

藤井　今日は、霊言（れいげん）というかたちではありますけれども、世界に対してメッセージを届けられるたいへん貴重な機会でもあろうかと思います。

ロウハニ大統領守護霊　はい。

藤井　最近、訪米をされて、国連総会で演説され、アメリカのメディアにも、一部、インタビューに出たりされていましたが、どんな感想を持っておられますでしょうか。

ロウハニ大統領守護霊　まあ、「ビザを発給しない」とかね、最初、そのへんの意地悪から始まったからね。だから、「（国連で）話をさせてもらえるだけでも、ありがたいと思え」ということでしょう？　だから、（話を）聞く気がないのでしょうけどね。

ただ、「いちおう、（イランを）攻撃する前に、反論ぐらいはさせてやる」と、そういう民主的手続きをしたことを見せておきたいというか、アリバイづくりでしょうね。

ペルシャ語で言ったって、誰も分かりゃしないんだけどね。「とにかく反対しているらしい」ということだけは伝わったということじゃないかね。

制裁中のアメリカ大統領と会談するほど、プライドは低くない

藤井　トランプ大統領との会談がありうるという観測もありましたが、実際には、そうなっていません。このあたりはどのように……。

ロウハニ大統領守護霊　いやあ、制裁はもうね、優先していますからね。

藤井　はい。

ロウハニ大統領守護霊　だから、そりゃあね……、いや、北朝鮮とは違うよ。制裁されながら対談するほど、こちらはプライドが低くないし、彼らは正しくないからね。

北朝鮮は、ミサイルを実際に撃ってるじゃないか。これはもう隠しようがないじゃない。もう嘘も何もないじゃない。実際にボンボン撃ってるじゃない。日本海に、

それから、日本列島越えに撃ってるじゃない。これは危機じゃない、ねえ？ これはどうにかしなきゃいけない、当たり前のことです。

だから、制裁をしながら、「核攻撃をするよりは、話し合おうか」ということで話し合ったのは分かる。

しかし、うちはまだ核兵器を〝ぶっ放して〟いませんよ。あるいは、イスラエルにだって今、別に撃ち込んでいませんよ。その状態で、（アメリカは）ここまで急いでやっていますからね。何を考えているのかなと、意図を探りたくはなりますわね。うーん。

2 サウジ石油施設攻撃、真の黒幕は誰か

「この中東情勢のなかで、イランがやるわけがない」

藤井　これはインタビューということですので、率直に、本音のところをお聞かせいただきたいと思うのですが。

ロウハニ大統領守護霊　いいよ。

藤井　ちょうど、国連に行かれるタイミングと相前後して、全世界が注目する事件として、「サウジの石油施設が、ドローンで攻撃された」ということがありました。

ロウハニ大統領守護霊　ああ、はあ。

藤井　アメリカ側は、これがイランの仕業であると考え、また、ヨーロッパの英仏独も協調する流れになっています。当事者として、これは……。

ロウハニ大統領守護霊　やるわけ（苦笑）、やるわけないじゃない。これだけ、六月からもう、「イランがタンカーを攻撃した」とか言われているなかでね。ドローンと、まあ、ミサイルも入ってるって言うんでしょう？　ドローン十何機かとミサイル何発か知らないけど、それで攻撃したって言うんでしょう？
こんなのは、人工衛星で見てるんだからさ、証拠を取れるじゃない、普通は。だけど、証拠を出せないんだろう？　だから、それは撮れていないからだよ、写真が。ね？　でも、イランのせいにしたいから、そう言ってるんでしょう。
やるわけないじゃない、そんなの、国家として。そんなことをしたら、戦争になるに決まってるじゃないか。だから、できるわけがないでしょう。

イエメンのフーシ派が犯行声明を出してるから、（彼らが）やったのはやったんだろうけど。だけど、そこが本当に仕掛けたのかどうかは、まだ分からないんでね。どこが糸を引いているか。

ほかにもやる可能性があるのは、一つは、「サウジアラビアの自作自演」もありえる。

イスラエルの陰謀で間接的にやる手もあるし、アメリカの自作自演だって、ないとは言えない。アメリカのほうから仕組むぐらいのことはやりますから。アメリカのCIAが、「金を出して雇って、間接的に、分からないようにしてやる」っていうのあるし。

もちろん、イラクの側からやることもできるし、シリアの反体制派のほうから仕掛けることだって可能ですので。

ドローンを飛ばすぐらいだったら、今、ゲリラでもできます。それを安く手に入れられますから、シリア方面から狙(ねら)うことだって可能なんで。

ただ、私たちは国として、そういう判断をして命令を出していないので。だから、それについては、「していない」と言うけど、「していない」と言えば言うほど疑うので、まあ、しょうがないね。

「神を信じている国家に対して、そういう言い方はなかろうが」と思うんですが。

真犯人の目的は何なのか

及川　その点に関してなんですけど、今回のドローンは、サウジアラビアの南のほうから来たのではなくて、北から来ているということなので、方角的に言うと、やはりイエメンからではないということになります。

ロウハニ大統領守護霊　うん。

及川　それがイランなのか、それとも、もっと北のほうなのかは分からないのですが、今、「やるわけがない」というふうにおっしゃって、幾つかの選択肢を出されましたよね。

ロウハニ大統領守護霊　うん。

及川　一つは、イランのなかで、大統領の指揮下にはない者たち、例えば、イランのなかの強硬派など、たいへん申し上げにくいのですが、ロウハニ大統領に対する反対派の人たちが、勝手にやる可能性はありますか。

ロウハニ大統領守護霊　ああ、それは、穏健派じゃない人もいることはいるからね。全部はつかめないが、この程度の攻撃なら、一チームあればできないことはないんで。何十人かぐらいの「小隊」があれば、できる攻撃ではあるけどね。

ただ、うーん……。

及川　やっぱり、考えにくいですか、イランのなかでは。

ロウハニ大統領守護霊　ただ、それは、アメリカの攻撃を呼び込むことは予想できるからね。そういう一部の「異端分子」がやることは可能ではあるが、その結果、アメリカ側からの攻撃を呼び込むことに、たぶんなることは分かっている。そのアメリカの攻撃を迎え撃つだけの準備は、彼らにはないはずなんだけどね。

及川　なるほど。

ロウハニ大統領守護霊　うん。

及川　今おっしゃったとおり、これをやった真犯人の目的は、「アメリカとイランを戦争させたい」ということですよね。

ロウハニ大統領守護霊　そうそうそう。戦争目的だと思います。

及川　だとすると、イラン国内の強硬派ではなくて、やはり、ほかの勢力ということになるわけでしょうか。

ロウハニ大統領守護霊　もちろん、イランのなかにも、買収される可能性がある人がいないとは言えないので、利権が絡(から)んでくれば、それは、完全には否定はできないけれども。いろんな国籍(こくせき)の人が入り込んでいるからね、分からないところはあります。傭兵(ようへい)風に使われたら分からないけどね。

いやあ、でも、おかしいのは、おかしいね。

及川　おかしいですね。

「どこが仕掛けたか分からないし、自作自演もないとは言えない」

ロウハニ大統領守護霊　サウジのほうも防衛はしているので。石油タンクの防衛なんか、いちばん重要視しているはずなので、そんなに簡単にやられるのも、ちょっとおかしい。

及川　おかしいですよね。その防衛も、今回は、軍用ドローンだけじゃなくて、巡航ミサイルもあったということです。

ロウハニ大統領守護霊　そうなんですよ。ミサイルも撃っているのに、おかしいね。

及川　巡航ミサイルも撃ってきているということは、それなりの勢力のはずですよね。

ロウハニ大統領守護霊　そうなんだよ。どこから買ったか。まあ、自分らで持っていなくても、手に入れているわけだから、少なくとも、手渡して〝やらせている〟のは間違いないんでね。

いやあ、石油タンクを直接攻撃するなら、こっちはもう戦争準備ができていなければ、ちょっとできないですよね、それは……。

及川　一つの可能性なのですが、この事件が起きたのが九月十四日で、その直後の九月十七日に、イスラエルの総選挙がありました。

ロウハニ大統領守護霊　うん、ああ。

及川　このイスラエルの総選挙で、ネタニヤフ首相は非常に危(あや)うい位置にいらっしゃったわけです。

ロウハニ大統領守護霊　うん、うん、うん。

及川　ネタニヤフさんは、ずっと、アメリカにイランを攻撃させたかった側だと思うんですが。

ロウハニ大統領守護霊　うん。それはそうでしょう。

及川　選挙の直前にこういう事件が起きて、あわよくば、アメリカがイランに攻撃をすることになってくれればというシナリオを、もしイスラエルが考えたとしたら、イスラエルが何らかのかたちで、これをやらせたということは考えられますか。

ロウハニ大統領守護霊　いやあ、今、ネタニヤフさんは、確か、少なくとも三つぐらいの疑惑を追及されていると思うんですよ。彼を失脚させるような材料があって、これを追及されているから、これをかわしたいという気持ちはあるとは思うので。その意味では、そちらから手を回す方法はあるわね。

イスラエルからサウジを攻撃するわけにはいかんから、それは第三国からやるしか方法はなかろうね。

でも、そういう何て言うか、諜報機関的な動き方をしたりするのは、得意なほうなんで、ありえるし。アメリカのほうも、もしかしたら、大統領が知ってるかどうかは分からないけども、下のほうは（イスラエルと）〝つるんでいる〟可能性もないとは言えないんでね。

及川　モサド●とＣＩＡが〝つるんで〟、トランプ大統領の知らないところでやっているっていうのは考えられますか。

ロウハニ大統領守護霊　強硬派がいるからね。実際にやりたがってる人たちはいるので。

「軍部」とか「諜報機関」が、それを仕掛けるっていうのは、昔からよくある話じゃないですか。日本の中国との戦争でも、「中国から仕掛けた」とか、「日本から仕掛けた」とか、どっちなのかいまだに分からないでしょう？　あの日中戦争の始まりだって、だいたいそんなものなんで。

だから、どっちが仕掛けたか分からないし、もう一つは、「自作自演」だって、本当はないとも言い切れない。サウジのほうが、イラン攻撃をさせたくてやってる可能性もないとは言えないので、それだと絶対防げないよね。自作自演だったら、絶対防げない。

●モサド　イスラエルの情報機関（イスラエル諜報特務庁）の通称。1949年に創設。諜報活動や秘密工作などを主要な任務としている。

藤井　最近、アメリカではボルトン大統領補佐官が解任されて、強硬派がいなくなったのは、イランにとってよいことだったと理解されるかと思います。

ロウハニ大統領守護霊　いやあ、強硬派はまだほかにもいるからね。「Bが付く人の四人組」っていうのがあったわけで。

藤井　「Bチーム」ですね。

ロウハニ大統領守護霊　その一人が抜けただけなんで、「攻撃の時間がちょっとだけ先延ばしになった」ぐらいのことであろうとは思いますけどね。

●Bが付く人の四人組　イランのザリフ外相は、イランに対して強硬な姿勢を取る４人（アメリカのボルトン元大統領補佐官／イスラエルのベンヤミン・ネタニヤフ首相／サウジアラビアのムハンマド・ビン・サルマーン皇太子／アラブ首長国連邦のビン・ザイド殿下）のイニシャルが「B」であることから「Bチーム」と表現。

トランプ大統領がイラン攻撃を中止した二つの意図

藤井　トランプ大統領の意図というのを、どのようにご覧になっていますか。

ロウハニ大統領守護霊　うーん。

藤井　実際には、●イランを攻撃しようとしかけたときに、中止命令を出したりした動きもありました。

ロウハニ大統領守護霊　一回ね。「（軍事攻撃で）何人死ぬんだ？」って訊いて、（米軍高官から）「百五十人ぐらいは死ぬでしょう」って言われて。

藤井　はいはい。

●イランを攻撃……　2019年6月20日、イラン革命防衛隊がホルムズ海峡上空でアメリカの無人偵察機を撃墜。アメリカのトランプ大統領は、イランへの報復攻撃を命じたが、予想される犠牲者数の報告を受け、攻撃開始10分前に中止した。

ロウハニ大統領守護霊　自分の命令で百五十人死ぬんだったら、ちょっと、無人偵察機の被害と比較衡量して、「割に合わないな」ということで、やめたと言ってるけど。

まあ、二つ意図があるからね。一つはノーベル平和賞。「オバマがもらって、私がもらえないわけがない」と思っているところは、世界の客観的意思には合っていないけどね（笑）。そのくらいはイランでも分かる。

それから、もう一つは、やっぱり、来年の大統領選再選に向けて、〝いい具合〟に持っていかなきゃいけないいんでね。あまり早いうちに戦争をやって、終わってしまったりすると……。前の父ブッシュ大統領のときも、湾岸戦争大勝利だったのに、選挙まで一年あるうちに、あっという間に（支持が）しぼんでしまったことがあるから、「あまり早くやりすぎたらいけない」とも計算しているはずなんで。

だから、選挙に影響があるあたりでやらなければいけない。だって、今のイランをアメリカが攻撃したら、そう長く持たないでしょう、おそらくはね。イランはあっちこっち炎上して、それはすごいことになるでしょうから。彼にとって、選挙で票にならなければやる意味はまったくないのでね。そういう状況をつくりたいということで、できるだけ世界のほかの人たちも仲間に引き入れる時間をつくって、そして、「大勢でやってるから間違いない」というようなことにして、自分だけの独走、あるいは独裁制ではないというかたちをつくりたい。

時間を稼ぎながら、次の選挙の〝最もいいタイミング〟の影響があるところを計算しながらやってると思う。少なくとも、ホワイトハウスのなかではね。

ただ、別のところでの諜報機関が何を考えてるかは、まだ少し分からないけどね。だから、民主主義国家も結構なんだけど、みなそれぞれが〝選挙期間キャンペーン〟で戦争をされるから、ほんとに困るんですね。バラバラですから、それぞれ。

サウジアラビアに対する不信感

藤井　今回の訪米では、ＦＯＸ（フォックス）ニュースのインタビューに出演されました。「トランプでなくて、民主党ならよいのか」ということをインタビュアーが訊くと、「どちらでも関係ない。同じなんだ」というお答えでした。

ロウハニ大統領守護霊　うん。

藤井　そういう意味では、どちらでも対米関係が、イランに非常に不利な状況にあります。今、イランにとっては存亡の危機で、もし戦争が起これば、経済制裁も効いていて非常に厳しい状況だと思いますが、何か打開の道というのは考えておられますか。

ロウハニ大統領守護霊　だから、もう流れが、さっき話があったように、ホメイニ革命まで行っちゃうんでね。

国王制の親米政権を倒して、〝王政復古〟をやったわけよ、日本的に言うとね。伝統的なイスラムの考え方に戻すことをやったわけで。私たちは、それをそのまま継続してやっているんでね。

これがアメリカは気に食わない。親米政権を倒してできた革命政権が続くことは、（アメリカの）プライドが許さないからね。「潰したい」って思ってるのは、そうだろうと思う。

だけど、（アメリカの）本拠のあるサウジアラビアが、ちょっとね、あそこは民主主義の国ではない。本来なら、アメリカは民主主義の国を応援しなきゃいけないのに、サウジに関しては「王制」だよね。

それで、あそこの王子がいつも悪いことをしていて、いつも何かしでかしては、後始末をするっていうことが繰り返されている。

●**ホメイニ革命**　本書P26参照。

あんな、王族が利権を握(にぎ)っているようなあれ（国）だよね。まあ、そういうのが入っているし、たぶん、それがアメリカの政権の中枢(ちゅうすう)ともつながっている。このへんのマネーは、イスラエルマネーとも、おそらくつながっているだろうし。

いやあ、もう……、ちょっとサウジアラビア自体も、イスラム教の発祥(はっしょう)の地、聖地としては、もう一段、何だろう、ちょっと反省が要(い)るんじゃないですかね。

及川　なるほど。今日、このインタビューが始まって、そんなに時間がたっていないんですけど、今のお話では、かなりサウジアラビアに対する不信感があるように思います。

ロウハニ大統領守護霊　うん、うん。

及川　先ほど、サウジアラビアの石油施設への攻撃も、「サウジの自作自演説」ということを言われました。

ロウハニ大統領守護霊　うん。

及川　今回の事件では、ドローンの攻撃や巡航ミサイルが命中しているんですが、これをサウジがまったく防御(ぼうぎょ)できなかったことが、今、国際社会のなかで非常に不思議がられているわけです。

ロウハニ大統領守護霊　そうなんですよ。用心(ようじん)しているはずなんですよ、絶対に。

及川　（石油施設に関しては）防衛システムがいちばんあるはずのサウジが……。

ロウハニ大統領守護霊　（防衛を）しているはずですよ。米軍基地もあるんですから、してないわけがないじゃないですか（笑）。それをわざわざ、まあ、ドローンだけなら、確かに小さいから予想外だったたっていう言い方はあろうかと思うけど、巡航ミサイルまで使ったたっていうことなので、どうですかね、これは。

及川　それをレーダーが見つけられないはずがないですよね。

ロウハニ大統領守護霊　あれは、ないんじゃないですかね。いや、私は、これは「罠（わな）だ」と思っていますがね。この前のタンカーのときに続いて、あれも怪（あや）しい。

少なくとも、今のところ、私とハメネイ師は、タンカー事件の実行犯をつかんでいないんですよ。ちょうど安倍（あべ）さんが来て、対談している時間に合わせて攻撃するって、私たちはそんなバカじゃないです。いくら何でも失礼でしょう、国際的に見て。それはない。

●**タンカー事件**　安倍首相がイラン訪問中の2019年6月13日、中東のホルムズ海峡付近で、日本とノルウェーのタンカーが攻撃を受けた事件。緊張を増すアメリカとイランに対し、両国と友好な関係にある日本が仲介するため、イランの最高指導者であるハメネイ師と安倍首相が会談している最中に起きた。

せっかく、戦争にならないように話しに来てくれているのに、いくら何でも、日本は友好国なんだから、日本の総理に恥をかかせるようなことをするほど、われわれは〝野蛮人〟じゃないのに、「そう見せようと思う人がいただろうな」とは思うわね。

確かに、あれはもうちょっと少ない勢力でも、できないことはない。イランのほうからボートが出たとか、いろいろ言っているけど、これもちょっと……。いやあ、これは傭兵で十分にできるので。

サウジ王室の本質、イラン指導者との違い

小林　サウジアラビアについては、ムハンマド・ビン・サルマーン皇太子がかなり独裁的な権力を握っているので、見方によっては、イランよりも独裁的なのではないかという意見もあるんですが、この皇太子の政治のやり方については、どう見られていますか。

ロウハニ大統領守護霊　いや、この人の前にも悪いのがいたと思うけど、腐敗してるよね、何か全体に見ていて。「神様」よりも「お金」のほうを信じてるんじゃないですかね。あるいは、一族の「安泰」や「繁栄」っていうか、「独占」みたいなのを考えていて、アメリカを〝番犬〟代わりに使おうとしてるみたいな、そんな感じに見えるよね。

だから、アメリカ軍がついて、王族を応援しているかぎりは、サウジのなかでは革命が起きないわね。イラン革命みたいなものが起きないようにしているんだろうと思うね。

利権がいっぱい絡んでるから、このへんは分からないし、われわれと最高指導者も宗教家なので、私たちには、そういう〝お金で何か牛耳ろう〟っていう気持ちがないんでね。このへんが、アメリカのご機嫌を取るのが下手なんだろうとは思いますけど。まあ、反米で革命が起きて、今やっているから、それはしょうがないところもあるんだけどね。

アメリカって、この前も、イラクと同盟関係にあるようにして、イラン・イラク戦争をやったのに、今度は、そのイラクをまた攻撃したり、占領するところまでやっているから。われわれから見ると、ちょっと「信じるに値しない」というか、「ほんとに大丈夫かな、この国は」っていう感じ。

3　中東各国に伸びる「中国の触手」を見抜く

中東の石油利権がいちばん欲しいのは中国

及川　そのサウジについて、もう一つ、もしご存じだったら教えていただきたいんですが、サウジと中国の関係はどうでしょうか。

ロウハニ大統領守護霊　チッ（舌打ち）。いやあ……、中国の動きは、とても読みにくいですけどね。まあ、いろんな触手を伸ばしているんじゃないでしょうかね。中東付近には、いろんなかたちで、今、入ってこようとしているんで。中国の全体戦略は、十分には読めない。

及川　中国は、サウジの石油企業に投資しようとしているという話をけっこう聞きます。

ロウハニ大統領守護霊　うん、うーん。

及川　先ほどのサルマーン皇太子のお金の関係のところに、中国はけっこう入り込んでいるのでしょうか。

ロウハニ大統領守護霊　ちょっと、証拠が十分つかめていないことについて、国家の大統領として、いいかげんな非難をするわけにはいかないんですけれども。

いや、中国は、どこからでもいいから、入れたら入ろうとしている感じはしますよ。それは、われわれのところだって考えているし、ほかのところも、狙えるところはないかどうか……、ロシアとアメリカの狭間にあって、本当は（中東を）いちばん欲しいのは中国でしょうね。この中東の石油の利権を全部手に入れたいのは、中国でしょう。こちらのほうが、ＥＵを手に入れるよりありがたいでしょうね、たぶん。

十四億人の国民が、今後、工業国家として生きていくためには、石油が要るので、貿易をするより、奪い取りたいっていうのが、本心はそうかもしれない。中国系も、陰謀的には、ちょっと何かある可能性もないとは言えないんですけどね。完全にはまだ読み切れない。うーん。

中国の「一帯一路」に協力しているのはなぜ？

小林　そもそも、中国は唯物論国家で、しかも、●習近平氏の守護霊の考えによると、イランも支配したいというふうな考えを持っているようなのですけれども、そういう中国と「一帯一路」で協力したりしていることについては、いかがお考えですか。

●習近平氏の守護霊……　2019年９月３日に収録された霊言のなかで、習近平氏守護霊は、イラン等の産油国との関係について、「石油の供給さえできれば、別によい。供給できなかったら、攻めて国ごと取る」などと答えている。『自由のために、戦うべきは今―習近平 vs. アグネス・チョウ 守護霊霊言―』（幸福の科学出版刊）参照。

ロウハニ大統領守護霊　それはねえ、うちも制裁を受けて、石油を買ってくれない国が増えていこうとしているから、中国から「大量に買い付ける」って言われれば、それは、国家の存亡がかかる重大な判断にはなりますし、インフレも今、進んでいますしね。国民の生活は、本当に戦争前夜で、逼迫(ひっぱく)してきている状況(じょうきょう)にあります。だから、油攻(あぶらぜ)めが、逆にね、何て言うか、ほかの国からも油が出ますからね。そっちから買うことで、ＥＵから、北米から、日本から、全部〝総スカン〟で、「イランの石油は買わない」としたら、収入源の大部分は断(た)たれることになりますからね。

だから、このときに、〝救済の手〟みたいな感じで入ってこられると、ロシアであろうが、中国であろうが、うちのほうも貿易とかそういうものに関しては、価値中立的にやってしまう可能性が高いことは高いですわね。このへんは、もう国際政治の舞台裏(ぶたいうら)なので、とっても難しいです。

「イスラム教徒はテロ集団」というイメージをつくりたい国とは

藤井　先ほど、「安倍総理のイラン訪問のタイミングで、タンカー攻撃があった。符合している」という話もありました。今月には、「トランプ大統領が、タリバンの指導者をアメリカに招いて和平交渉をしようとしたタイミングと相前後して、カブールでテロが続発した」という事件もありました。

このように、和平の方向に行こうとすると、反対側に〝引っ繰り返す〟動きがあります。

今回の国連総会の訪問に合わせて、サウジの石油施設攻撃が起きたりもしています。

イラン、サウジ、アフガニスタンと見たときに、流れとしては、「9・11」のテロのあたりからつながっている意図が何かあるのかとも思いますが、いかがでしょうか。

ロウハニ大統領守護霊　いやあ、難しいけどね。

あと、ウイグルの問題もあるでしょう、中国のね。「ウイグルの蓋」を開けられてきているから、中国が困っているので。「イスラム教徒はテロ集団」みたいなところを、彼らも、そういうイメージをつくりたいところもあるからね。これを今、全世界的にやってるから、中東が、そういうテロ集団の集まりみたいに見えることにも、いいこともあるだろうしね。

まあ、非常にやりにくい。

ちょっと、アメリカに関しては、うーん……。腐敗したサウジと組んで。

いやあ、イスラエルのネタニヤフは、あれは〝ヒットラー〟ですよ、どう見たって、ほんとね。ヒットラーみたいなのと組んで、いったい、何がやりたいのか、分からないんで。うーん。

4　「テロ支援国家」という偏見、これだけの不当性

イスラエルは核武装をして、イランは駄目？　その論拠とは

小林　前回の霊言で、ロウハニ大統領の守護霊様は、「北朝鮮扱いされるべきはイスラエルのほうだ」とおっしゃっていました。

ロウハニ大統領守護霊　うん。

小林　「イランには、核武装をする考えがある」といったことで批判を受けていますが、イランが核装備を持つことの正当性については、どのように考えていらっしゃいますか。

ロウハニ大統領守護霊　今のところね、「核合意」をやったから、それを守るつもりだけど。アメリカのほうが、いち早く抜け(ぬ)て、「自分らは、もっと、ガンガン、まだ核開発したい」というほうに走っているからね。「いや、それはないでしょう?」っていう感じはありますよね。他人(ひと)のところには、「するなよ」と。「自分のところは、どんどん拡張するよ」と。「それ、どういうこと?」っていうところはありますよね（苦笑）。

だから、「自分のところは、どこからでもイランに核攻撃(こうげき)できるように、さらに増産体制に入るけど、おまえのところは駄目(だめ)だぞ」って言ってる。EUも、そう言ってるかもしらんけど。

本当は、「国連常任理事国」プラス「彼らの支配圏(けん)にあるところ」以外は持たさないつもりでいるんでしょうけど。

いや、核っていうのはね、持ってしまうと、もう……。例えば、北朝鮮だって、

●核合意　2015年7月、米英仏独中露とイランとの間で結ばれた合意。イランが核兵器に転用できる高濃縮ウランなどを生産しないこと等を受け入れ、イランへの核関連の制裁の大半を解除することとなった。しかし、トランプ大統領は、「致命的な欠陥がある」として、2018年5月に合意を離脱。

あんなちっちゃな国に、アメリカの大統領が、直接、会いに行ったりするような、ご機嫌伺いをしてるように見えるから。ちっちゃい国でも、持っちゃうと、何て言うか、覚悟しなきゃいけないわけね。数十万、百万単位の人が死ぬ覚悟をしなきゃいけないから。「普通の戦争にならない」っていうことですよね。

そういう意味で言えば、イスラエルだって、公式には発表してるわけじゃないけど、核武装してるのは、もう、みんな知ってることですからね。

いやあ、サウジアラビアとイスラエルの両方から核攻撃をされたら、こちらはもうたまったもんじゃありませんので。国の存亡にかかわることですから。

本来で言えば、「核合意で開発しない」っていうのは、あんな北朝鮮でも水爆まで完成してるという状況で、うちなんかは、あんまりにも〝遅すぎた〟というか、「従順すぎたかなあ」って、むしろ思うぐらいで。やっぱり、イスラム圏を護るためには、本当は持っていなきゃいけないかもしれない。

サウジアラビアはね、どうせ入ってる。アメリカの核ミサイルは入ってますからね、サウジにはね。こっちには「ない」んだからね。
だから、中国やロシアが入ってくる隙はあるし、北朝鮮だって、売り込もうとはしてますよ、それはね。売り込もうとしてますよ。お金になるからね。北朝鮮は、石油も欲しければ、お金も欲しいからね。「核ミサイルを売ってやるから、石油を送ってほしい」とか、そういうのは、いろいろ、ちょこちょこは言ってきてるのは、言ってきてはおりますよ、それはね。

及川　なるほど。

「9・11」の犯人グループにイラン人はいない

及川　核の問題もあるのですが、アメリカのトランプ大統領の発言をずっと聞いていると、「イランは、テロ組織を支援している、テロ支援国家だ」というところが、毎回強調されます。

これによって、「イランはテロ支援国家だ」という非常にダーティーなイメージが広がっていて、イランが国際社会のなかで孤立化しています。

この「テロ支援」に関して、大統領（の守護霊）のほうから、何か説明をお願いできますか。

ロウハニ大統領守護霊　あのねえ、だから、「9・11」のテロは、アメリカをいちばん怒らせたっていうか、アメリカの内部で、外国勢力から攻撃を受けたのは、真珠湾を除けば、あれしかないんでしょうけど。

でも、そのなかに、イラン人は一人も入ってなかったはずですよね。

なぜサウジとオサマ・ビン・ラディンとの関係は広く知られないのか

ロウハニ大統領守護霊　「オサマ・ビン・ラディンは、サウジアラビア人だ」って、なんで、もっと言い回らない？　言えないんでしょう？　利害にかかわるからね。

知らないでしょう？　ほとんど。知らない人が多いんじゃないですか、たぶん。おそらくね。

サウジアラビア人であって、向こうの石油利権も持っていて、アメリカの中枢部と出入りできて、賄賂を渡せる立場に、彼はあった。それが、アメリカを攻撃しているんですからね。

だから、これについての解明はなされてないですよ。暗殺することで、〝口封じ〟しちゃった、ある意味でね。

暗殺してなかったら、彼をしゃべらせたら、「実は……」っていうのが出てきた可能性があると思いますよ。

いやあ、だから、彼は彼なりに、サウジアラビアにアメリカ軍基地があったりすることに対する、原理主義的な反対はあったのかもしれないけどね。

ただ、中心メンバーがサウジアラビアで、王族にかかわる者であったことは確実であるんでね。

だから、今のアメリカが、サウジの王族と石油利権でつながって、選挙資金を応援してもらっている状況というのは、もうひとつ納得がいかないですね。

及川　なるほど。サウジのことは言わないで、イランだけがテロ支援国家と言われるいわれはない、と。

ロウハニ大統領守護霊　そうそう、そうそう。

それは、本当は、ホメイニ革命に対する批判が続いてるだけとしか見えませんね。

アメリカと同じように、イランの大統領は選挙で選ばれる

小林　そのホメイニ革命について、お訊きしたいと思います。

アメリカから見ると、アメリカナイズされたパーレビ国王を倒した革命ということで、「悪だ」と敵視されているのですが、ホメイニ師自身は、思想的には、「イス

ラム教による、徳のある政治をしよう」と考えていらっしゃったのではないかと考えております。

世界中で、「イランの政治体制は全体主義的だ」と誤解されていると思うのですが、改めて、イランの政治体制の正当性について教えていただけますか。

ロウハニ大統領守護霊　一神教の信仰を持って、国民のほとんどが、そういう同じ信仰を持っているっていうのが、「全体主義」って言われるのなら、それは、そうかもしれませんが、私たちのなかに、「選挙」がいちおうあるんですよ。投票で選ばれるんですよ、大統領だって。だから、サウジアラビアとは、ちょっと違っているんですよ。王族じゃないので。選挙で選ばれるので、落ちることだってあるわけなので。国民から、尊敬され、敬愛されてなきゃ、落ちることもあるので。国民の支持があってなので。完全な民主主義とは言えないとは思うけども、いちおう投票は有効で、任期もあるものも多いですから。

そういうことで、「イラン国民全員が信じられない」って言うのなら、それは、そこまでで。「イラン国民全員が、北朝鮮や日本のオウム真理教みたいだ」って言われるんでしたら、それは、差別ですわね。はっきり言って、「人種差別」「宗教差別」にしかすぎないんで。

私たちは、六千年以上の歴史を持っているので、そんな新しい、テロをやるような〝暴走新宗教〟とは一緒じゃありませんから。あなたがただって、オウムなんかと一緒にされたら嫌でしょうけど。

いちおう、ちゃんとした選ばれ方をして、宗教的にも優れていて、政治手腕がある人がなっている。私も軍のほうの司令官もやった上で、大統領をやってますので。選ばれ方は、アメリカと同じ選ばれ方なんですけどね。

イランとイスラエル、かつてはある種の同盟関係に

及川　パーレビ時代と今の体制の違いについてですが、パーレビ時代は、確か、イ

スラエルとイランは、ある種の同盟関係というか、親しい関係だったと思うのです。それが、今や、敵対関係になっています。

これは、イスラエルの首相が替わらなければいけないと思うのですが、イスラエルの体制が変わったら、イランとイスラエルの関係が、かつてのような同盟関係になることはありえますか。

ロウハニ大統領守護霊　さあ。ネタニヤフは、（首相を）三年やって、そのあと十年以上やって、もう十三年以上やってます。（イスラエル首相在任期間の）最長記録に到達したので、そうとう盤石ではあるかとは思う。

ただ、やっぱり、その強硬な政策についてはね、「非人道的な部分」もあることはあるので。

ゴラン高原のことがあって、イスラエルからも二万人ぐらい入植しているし、逆に、シリアからも二万人ぐらい入植していて、衝突がいっぱい起きるところですけど、「もともとない国」ができたんですからね。ない国ができたっていうことは、それはね、先進国だけの合意でつくれるっていうのは、かなり傲慢(ごうまん)な話ではあるので。われわれみんなが差し出して、「どうぞ、ここへ」って、お招きしたわけではないんでね。

入った以上はいいけど、まあ、狙(ねら)ってるのは、おそらく、産油国まで領土に入れたい。間違いなく、そうでしょう。

イスラエルだけだったら、もうほんと、砂漠(さばく)とオリーブの木ぐらいしかありゃしないし、イスラムから攻(せ)められたら、地中海に追い落とされると、みんな思ってるから。泳いで逃(に)げなきゃいけなくなってくると思ってるから、もうちょっと内陸部まで押(お)さえたい、どこか弱そうな国を押さえたいところでしょうね。そこまで考えてると思いますよ、絶対、ネタニヤフは。

それで、アメリカの大統領の、もうすぐそこまで、そばまで、ぎりぎりまで食い込んでいると思うし。アメリカのマスメディアのほとんどを押さえ込みに入っているしね。

及川　でも、その政権が、けっこう危うくなってきていると思うのですけれども、もし、ネタニヤフ政権が崩壊したら、どうでしょうか。

ロウハニ大統領守護霊　崩壊しても、そのあとがどうなるかについては、保証がないので、分かりませんね。崩壊……。

及川　もうちょっと穏健派が首相になるという話もあるのですが。

ロウハニ大統領守護霊　穏健派がねえ。それは、そうなってくれるほうがうれしいけどね。

でも、あそこの考えていることは、節操がないからね。日本だって、カジノ誘致を、今やってる。話をしてるでしょう？　あれ、イスラエルが絡(から)んでいるから。

及川　ああ……。

ロウハニ大統領守護霊　ユダヤ資本が、アメリカで、カジノで、ほとんど押さえてるので、それが日本に入ってくるんですよ。

だから、日本まで、次、「マネー管理」が入るよ、本当に。

「国際政治の上からの枠組(わくぐ)みだけで全部を見てはほしくない」

藤井　イスラエルとの関係で言いますと、今回の訪米の際に、FOX(フォックス)ニュースのインタビューのなかで、ロウハニ大統領ご自身がおっしゃったのですが、「イスラム国（ISIS(アイシス)）の負傷兵が、イスラエルの病院で手当てを受けたりしている」と関係を匂(にお)わせるような発言をされていました。このあたりのバックグラウンドについては、どのようにご覧になっていますか。

ロウハニ大統領守護霊　いや、もうね、中東は、本当に危ないんですよ。国の体制を維持できなかったら、モザイク状になって、あとは、混沌状態になって、次、誰が統一するか分からないような、そんな状態になるからね。

いやねえ、あなたがたは、「イスラエルとイランは犬猿の仲だ」と思ってるかもしれないけど、それは、上の上層部が今、そうなっていますわね、政治的には。ただ、一般国民は、そうはなっていないということは知っておいてほしいんですよ。

というのは、古いけど、「バビロン捕囚」って、覚えてる？　ネブカドネザル二世、ねえ？　これはイラク（当時は新バビロニア王国）だね。今のイラクの、ネブカドネザル二世が、イスラエルの民を大量に奴隷として引っ張っていって、バビロンに囲ってしまって、財産も奪って、神殿も壊して、やったんだよね。

それに対して、イラン（当時はアケメネス朝ペルシア）のキュロス大王が、救世

●**バビロン捕囚**　新バビロニア王国のネブカドネザル２世が、ユダ王国を滅亡させ、ユダヤ人を首都バビロンに連行し、移住させた事件。２回（前597年、前586年）にわたって行われた。前538年、新バビロニア王国を滅ぼしたアケメネス朝ペルシアのキュロス王によって、ユダヤ人は解放された。

主として現れて、イスラエルのユダヤ人の奴隷を解放したんですよ。イラクから解放して、彼らを国に帰してやって、それから、ユダヤから奪った金銀財宝、宝物等を、全部、イスラエルに返して、神殿の修復まで手伝った。

キュロス大王が、要するに、「イランがイスラエルを助け、バビロン捕囚から解放して、さらに修復まで手伝ってくれた」ということは、庶民でも知ってることなんですよ。

そういう意味で、上のほうは反目していても、庶民のほうは、お互いに、そんなに思ってないんですよ。このへんは、知っておいてほしいなと思うんですよ。

だから、ペルシャ語で歌う歌手とかが、イスラエルでも大人気だったりすることもありましてね、庶民では、そんなふうになっていないんですよ。ヘブライ語でもペルシャ語でも歌って、人気のある歌手だって存在してるんで。

これが、「国際政治の上からの枠組み」だけで、全部を見てはほしくないなと思っているんですよ。

「徳のある国家」を目指している宗教国家・イラン

ロウハニ大統領守護霊　平和であればいいですけど、やや、そういう野心がある人が出てくれば、こうなるので。

私たちだって、国を掌握(しょうあく)しているから、一定の力はありますが、ただ、いつも神に祈(いの)りながらやっているので。「宗教国家」ですから。本当に宗教国家なので、宗教を利用して、国の権力を増やそうというような国家とは同じではないということは知っておいてほしいなと思います。

私たちは、そういう「徳のある国家」を目指しているのであって、〝国家丸ごと〟情報組織と一体になる「犯罪国家」みたいな、そんなものは好きじゃないし、神の心に反すると思うので。

「ISISの問題」とかは、国際的によく分からない、難しい問題だろうと思いますけど、そういう、イスラム教の「内部の問題」は難しいし、いろんな派閥(はばつ)ができるのは、しかたがないことではあるけどね。

いや、戦争の現場を見りゃあ、もう、どっちがどっちか分からないですよ。攻撃を受けてる側から見りゃあ、攻撃してる側のほうが悪魔(あくま)に見えるしね。だけど、逆から見れば、しぶとく抵抗(ていこう)し続けてるやつが悪く見えるしね。

みんな、利害関係でけっこう動いてるんだと思うんですけど、あっち行ったり、こっち行ったり。

それは、イスラエルとも関係があるのかもしれないとも思ったりもするけどね。

5 「ジャパニーズ・ジャスティス」を示してほしい

ロウハニ大統領守護霊　ただ、もう、アメリカが、大統領選で勝つためにイラン攻撃（こうげき）するみたいなのは、やっぱり、これは、どう見ても正当性がないと思うんですけど、どうですか。

日本の立場、「ジャパニーズ・ジャスティス」は、やっぱり、ちょっと出してもらわないと。

イランからの禁油とか、日本がする必要は何もないじゃないですか。

それは、日米同盟があるから、アメリカとは緊密（きんみつ）にやらなきゃいけないかもしらんけど、アメリカと一緒（いっしょ）になって、イランを攻撃しなきゃいけない理由は、日本には何もないし、イランは、日本を攻撃したことはないし、別に。それは、そういう問題じゃないでしょう。

藤井　いちばんメッセージを発したい相手は、日本でもあるということですか。

ロウハニ大統領守護霊　そうですよ。日本はね、それは別ですよ。それは宗教的な選び方じゃないところはあるけど、日本は、別にキリスト教でもイスラム教でもないけど、両国と付き合ってるわけですから、両方とね。

やっぱり、日本が、ちゃんと、そのへんについて、「理性ある言葉」で説得していただきたいなと思うんですが、まあ、安倍(あべ)さんは今、そこまでは届かないのかなと思いますがね。これから、まだ、やってくれるとは思うんですが。

でも、「もう湾岸(わんがん)から石油が来なくなる」っていう、ただそれだけのために、日本が説得するみたいなのも、何かおかしい話だし、(サウジ攻撃を)やってもないのに、安倍さんに、「自首せよ」って言われるみたいな感じなのも、ちょっと納得(なっとく)

はいかないし。うーん。

6　日本に親和性を持つロウハニ大統領守護霊、魂のルーツ

日本での転生を経験していたロウハニ大統領の魂

藤井　幸福の科学の霊査で、「イスラム霊界と日本神道とは深いつながりがある」ということが、最近、明らかになってきています。ロウハニ大統領ご自身の魂のルーツもあるのでしょうか。

ロウハニ大統領守護霊　うーん、日本に生まれたことはあるよ。あることはある。

藤井　どのような時代にでしょうか。

ロウハニ大統領守護霊　うーん……。あのころは、どんな時代だったかね。うーん。室町が始まる前……、うーん、鎌倉から室町ぐらいの間ぐらいのあたりかな。そのあたりのような気がする。

藤井　室町幕府を建てるころということですか。それとも元寇のころですか。

ロウハニ大統領守護霊　うーん。足利……、●足利直義？　違うかな？

藤井　足利……。

ロウハニ大統領守護霊　足利……尊氏じゃないんだよ。尊氏とは、袂を分かったような気がするがな。

弟かな、尊氏の弟で……。

●**足利直義**（1306 ～ 1352）　南北朝時代の武将。足利尊氏の弟。室町幕府創設に協力し、兄である尊氏を補佐するも、後に不和となり、毒殺されたと言われる。

藤井　そうしますと、足利尊氏の転生がサダム・フセインだとされていますけれども、それと関係があるということですね。

ロウハニ大統領守護霊　ああ、じゃあ、日本の戦争が中東に〝移転〟したんだろうね。

藤井　湾岸戦争当時、フセイン大統領の守護霊が、総裁のもとに訪れたという逸話も聞いているのですが、やはり、当時から、幸福の科学に期待するものがあったということでしょうか。

ロウハニ大統領守護霊　いやあ、みんな、わりに「親近感」は持ってるよ、アラブの人たちは。日本とは、何か、関係が深い人が多いんじゃないかね。

イスラムに親日家が多い理由

ロウハニ大統領守護霊　みんな親近感は持っているし、まあ、欧米にはね、けっこう嫌な目に遭ってるからね。

欧米と戦った黄色人種で、アメリカには負けたかもしらんけども、勝ったことがある唯一の国が日本だからね。そりゃあ、日本に対しては、ある程度、尊敬の念をみな持ってるし、あのロシアにも勝ってるからね。

ロシアだって、中東に関しては、けっこう、いつ襲いかかってくるか分からない強敵ではあるんで、「ロシアに勝った」っていうのは、いや、すごいよ。(ロシアは)ナポレオンにもヒットラーにも勝っているから、そりゃあ、すごいね。

東郷平八郎は、ナポレオンを超えている。

藤井　ありがとうございます。

次に、ハメネイ師の守護霊霊言(れいげん)も賜(たまわ)りたいと思いますので。

ロウハニ大統領守護霊　ああ、そうか。

藤井　今のお言葉を、日本国民に伝えさせていただきます。

ロウハニ大統領守護霊　（過去世(かこぜ)が）日本人でもあった。イスラムでも生まれてるけど、日本人でもあったということは、まあ、こういう人は、わりあい多いから。だから、親日家が多いのよ。ほかの国にも多いと思うけどね。うん。

藤井　はい。日本にも、世界にも伝えさせていただきます。

ロウハニ大統領守護霊　うん。じゃあ、はい。

藤井　ありがとうございます。

大川隆法　（手を二回叩く）ああ、そうか。サダム・フセインと過去世で兄弟だったのですか、なんと。でも、争ってはいたので、今世は国が違う。

（フセインとロウハニ大統領は）同時代でしょうか。フセインが殺られたのは二〇〇六年ですかね。二〇〇六年に処刑されていますか。やはり、同時代人ですね。

そういうことですね。

日本も、けっこうワールドワイドですね。

第2章　ハメネイ師守護霊の霊言

二〇一九年九月二十八日　収録

幸福の科学　特別説法堂にて

アリー・ハメネイ（一九三九〜）

イランの宗教家、政治家。シーア派の聖地ナジャフの神学校で学んだ後(のち)、聖地コムの神学校ではホメイニに師事する。イラン革命に参加し、革命後は、イスラム革命評議会委員、国防次官、イスラム革命防衛隊司令官、最高国防会議議長などを歴任。一九八一年に大統領に就任し、八五年には再選を果たす。初代最高指導者であるホメイニの死後の八九年に、第二代最高指導者となる。

質問者

藤井幹久(ふじいもとひさ)（幸福の科学宗務(しゅうむ)本部特命担当国際政治局長〔参事〕）

小林真由美(こばやしまゆみ)（幸福の科学宗務本部国際政治局チーフ）

及川幸久(おいかわゆきひさ)（幸福実現党外務局長）

〔質問順。役職は収録時点のもの〕

1　一九七九年、イラン革命の本質

ハメネイ師守護霊を招霊する

大川隆法　では、次はハメネイ師ですね。

ハメネイ師の守護霊よ。

この前、聞いた感じでは、今まで聞いた各国の首脳よりも、より日本や幸福の科学のことを理解しているように見えました。

ハメネイ師よ、ハメネイ師よ、ハメネイ師の守護霊よ。

どうか降りてきてください。

（約十秒間の沈黙）

ハメネイ師守護霊　うん。うん。

藤井　ありがとうございます。

ハメネイ師守護霊　うん。

藤井　ハメネイ師の守護霊様、このたびもご降臨賜りまして、ありがとうございます。

今、イラン情勢が非常に緊迫しているなかで、ロウハニ大統領の守護霊様からお話しいただいたのですけれども、おそらく、さらに大所高所からご覧になっているものがあるかと思いますので、いろいろとお聞かせいただければと思います。

首都テヘランで演説するイランの最高指導者ハメネイ師（2019年9月17日、イラン・テヘラン）。

ハメネイ師守護霊　私はね、エル・カンターレの弟子だからね、言っておくけど。エル・カンターレの弟子なので、私を攻撃することは許されないことですからね。それは、地球正義に反することだ。私はエル・カンターレの弟子ですから。

藤井　はい。これまで、霊言を何度か頂いたなかで、まだ、あまりお訊きしていないことを、今回、ぜひお伺いしたいと思います。

今のイランの国体というのは、一九七九年の「イラン・イスラム革命」から始まっていますが、このあたりには、そもそも、天上界のどのようなご意図があったのでしょうか。あるいは、何を目指しているのでしょうか。

欧米からは、単なる「反動」と見られていると思いますが、何かお考えはありますでしょうか。

ハメネイ師守護霊　うーん……、（約五秒間の沈黙）うーん……。

イスラム教とね、キリスト教は、三回ぐらいの大きな十字軍戦争があって、まだ決着がつかないで、いまだに、それは水面下で続いていることかと思うわね。

だから、前の政権、（パーレビ）国王も、近代化がやりたかった。「欧米に追いつけ、追い越せ」を近代化でやりたかったんだと思うけどね。

そのなかで、何て言うか、キリスト教文明のなかのね、若干まねしてはいけないほうの文化遺伝子を、だいぶ入れてしまいそうな感じではあったんでね。

その意味では、イスラム教の命脈はまだ尽きていないのでね。今、キリスト教徒の数を、今世紀中に抜こうとして頑張っているところなんでね。

だから、そういう意味では、イスラム教の盟主は必要なんですよ。イスラム教の盟主が必要なので。そういう意味での復興運動で、一種の「王政復古」なんですけどね。「王政復古運動」なので。

キリスト教圏の価値観には間違いがある

藤井　今、欧米社会のほうでは、カナダはもちろん、アメリカでもそうですが、「LGBT」や「同性婚」といったリベラルな考えが非常に流行っています。
そうしたなかで、片や、「イスラムの復興運動が起きている」というのは、何か大きな天意があるのかと思いますが。

ハメネイ師守護霊　やっぱりね、キリスト教は、もう、どこもそうですよね。「犯罪の温床」みたいになってきているわね。
個人の人権を認めるところはいいのかもしれないけれども、もう、何て言うかね……、うーん、いや、「善人の上にも悪人の上にも、太陽は日の光を投げかけてくれている。まことにありがたい慈悲ではある」とは思うが、「その善人にも悪人にも、平等の権利が与えられている」と思うのは、間違いがあります。

国づくりの「あるべき姿」とは

ハメネイ師守護霊　やはり、「神の教えに則って生きている人」と「そうでない人」とでは、あの世に還ってから、もちろん、行き先が違うであろうけれども、この世においても、多少ですね、それは権利の行使において違いがなければならない。

「宗教的な人間、神を信じている人間、徳のある人間が、やっぱり、社会の上層部を占める国づくり」が大事であって、「そういう徳もないのに、金儲けがうまいだけ」とか、「人を籠絡して、権力を掌握するタイプ」の人が上に上がっていくような国づくりは、あんまり望ましいとは思えない。

そういう意味で、日本なんかでも、政治家選びに、「道徳性」はあんまり重視はされてはないわね。はっきり言って捨ててるわね、その部分はね。

で、アメリカも、やや、その傾向はあるし、「お金はすべてを癒やす」みたいに見てるところもあることはあるわね。「金儲けがうまい人は大統領になれる」みたいな感じかな。

もちろん、軍人でトップを張った人にもその権利はあるが、金儲けのうまい人は大統領の権利がある。日本にはないわね。たぶん、日本では、「金儲けのうまい人は総理になる権利はない」と思うけど、アメリカにはあるわね。

そういう流れのなかに、やや、本来のキリスト教とは違うものが入っているんじゃないかなと思うところはある。

アメリカが考える「世界正義」のなかにある盲点

ハメネイ師守護霊　だから、アメリカが考える「世界正義」のなかにも、やっぱり、盲点はある。見えていないものは、あるんじゃないかなというふうに思うんでね。

彼らから見れば、われわれイスラムの風習とかは、そうとう後れたようにしか見えていないんだと思う。

例えば、「断食」とかあるよね？　こんなのは非常に非近代的に見えるわね。「そのときに家事もしちゃいけない」、ねえ？　「ご飯もつくっちゃいけないから、早めに用意しとかなきゃいけない」とかさ。

こんなのは、非常にそう見えるだろうとは思うけれども。「国民全体が宗教的なルールに従っている」っていうことには、実は非常に大きな意味があるんであってね。「この世」と「あの世の天上界」が極めて近いことを意味しているんですよ。

信教の自由とは、「できるだけ、最高神に近づいていく自由」

ハメネイ師守護霊　だから、「われわれが、政治も絡めて、このへんの宗教的指導をしている」っていうことに対しての意味が理解できないでいる。

で、「信教の自由」も大事だけど、信教の自由が大事っていうのは、「宗教はみんな一緒で、バラバラでよくて、好きなものを信じたらいいし、否定するのも自由」みたいな感じの「言論の自由」に吸収されてしまっていいことではないっていうことだね。

信教の自由は、あくまでも、「できるだけ、最高神に近づいていく自由」なんであって。やっぱり、「悪魔に捕まってしまっている宗教とか、あるいは、悪魔に入り込まれている指導者とか、こんなものは、ある程度、排除していかなければいけない。それだけの見識がなければいけない」と思っているんですよね。

トランプさんもクリスチャンでしょうけれども。ただ、若干、〝お金の神に対する信仰〟のほうが強いような感じはしないわけではないね。

だから、われわれを見れば、それは後れているように見えているんだろうけど、そのなかに、われわれが、何て言うかな……、「霊的な人生観を持っている」っていうことが、十分に分かってないんじゃないかなと思いますね。

2 イスラム側から見た「キリスト教価値観の歪み」

トランプ大統領に「葛藤」をもたらしている現在の世界情勢

藤井　世界情勢にかかわる政治的な話になりますけれども、片や、「イラン情勢が極めて緊迫している」という問題がありながら、現在、目の前には、「香港デモ」の運動があったり……。

ハメネイ師守護霊　うん。香港ですか。

藤井　「米中の貿易戦争」があったりします。

トランプ大統領には、「中国の覇権主義を止める。中国の覇権主義と戦う」という戦略がありながら、今、中東のほうに大きく関心を向けられています。

ハメネイ師守護霊　うん。ちょっと不思議……。

藤井　これには、何か意図があるのでしょうか。もしくは、何か背後があるのでしょうか。「このあたりをどのように見ておられるのか」というところをお訊きしたいのですが。

ハメネイ師守護霊　はあーっ（息を吐く）。トランプさん自身は、やっぱり、〝ビジネスマン〟なんじゃないかと思うんですよ。基本的には、ビジネスっていうのは、本当は平和でないとできないものなので。敵対したら、ビジネスは成立しないものなので。（トランプ大統領は）ちょっと、「政治家になろうとしているところ」と「ビジネスマンのところ」とで葛藤はあるのかなとは思うんですけどね。

共和党の大統領である以上、「共和党なら考えるべきことを考えてやらなければいけない」と思っている面はあるんだろうとは思うんですけどね。

「香港の（問題）もあって、こっち（イラン）のも」っていうのは、確かに、よくは分からないところはあるんですが。

藤井　「背後で習近平(しゅうきんぺい)氏の意図が働いている」とか、そういったことはあるでしょうか。

ハメネイ師守護霊　う－ん……、習近平の……（約十秒間の沈黙(ちんもく)）。

私たちは、本当はね、「日本に油を売らない」とか、「アメリカに油を売らない」とかではなくて、「中国に油を売らない」ほうに〝バルブを閉められた〟ほうが、それはいいんじゃないかなとは思うんだけどね。

まあ、国民の生活もあるから、今、とても難しい関係になってきつつあるんですけど。

イスラム教は、キリスト教もユダヤ教も認める「寛容な思想」

ハメネイ師守護霊　うーん、宗教的な教養っていうところには、なかなか難しいものがあることはあるんでね。私たちは、もう勘違いされてるんだ。今のウエスタン（西洋）のキリスト教徒に勘違いされてるんだけど。

イスラム教というのは、キリスト教を憎んで、「悪魔だ」と思っているように思われているけど、そういう教えじゃないんですよ。イスラムっていうのは、キリスト教も認めるし、ユダヤ教も認めてるんですよ。

イスラム教は、先にある宗教に対して、十分、敬意を払った上でつくっているし。キリスト教、イエスも認めているし、天使たちも認めているし、『聖書』も下敷きにした上で成り立っているので。ムハンマドの思想は、そういう寛容なものなんですよ。

だから、彼ら(キリスト教徒)は、すぐ、イスラム教を「悪魔」と認定してくるんですが……。「先にあるものは、あとから来るものを、そうやって否定する傾向があることはある」ので、そう考えがちであるんだけど、私たちは、そうは思ってないので。それは、幸福の科学でも、そういうふうに言われているはずですよね。

時代が違うし地域が違うから、現れ方は違うかもしれないけれども。(イランは)宗教的には、六千年以上の歴史がある〝先進国〟であるんでね。だから、「大川隆法・マスター」なんかも、それは、(転生や霊的指導では)中東のほうにかかわった時代は長いはずで。アメリカなんか、ここ二百年ぐらいですからね、かかわってるのは、たぶんね。

だから、このへん、あとから来たものが力を持った場合の難しさがあるわね。「転校生が来て、試験の成績がとてもよかった」みたいな感じの、まあ(笑)、「どう受け入れるか」みたいな問題だわね。いやあ、どうしよう。

イスラム教が、キリスト教圏の人たちに誤解されている理由

小林　私たちは、「宗教融和」を目指している宗教なんですけれども、キリスト教圏の方々が「イスラム教は悪魔の教えだ」というように言っている、この現状を覆していくために、私たちとしてできることをアドバイスいただければ幸いです。

ハメネイ師守護霊　うーん、（悪魔の教えだという）根拠は、おそらく、一夫多妻、「四人ぐらいまでは、奥さんをもらってもいいよ」とか言っているところとか、十字軍の過去の歴史の学び、十字軍の説明が、たぶん、キリスト教側からなされているんだろうと思うけどね。

あとは、そうだね、キリスト教圏のほうが、男女同権にしていくのが早いのは早いわね。でも、これでも戦後だからね。戦前は、また、それは同権じゃなかったので。戦後、女性の権利が拡張していって、それから、黒人とかね、有色人種の権限

もだんだん拡大してきているけど。

「イスラム圏では、まだ、女性のほうの解放が後れている」っていうところあたりも根拠にはしているのかなとは思うけれども。

ただ、私たちは、有色人種への差別観は、そんなに持っているわけではないし。女性も外では慎ましやかにしてるけど、家のなかでは、けっこう、それは、きらびやかにやってはいるので。これ、伝統的な日本の考えとあまり変わらないんですよね。

だから、「外で女性を戦わせる」という考えが、あんまりないので。そういう、「過去の日本の（考え）と似ている。よく似ている」と私は思ってはいるんですけどね。どっちがいいのかは知らないけど。

アメリカみたいに、「女性がミサイルを撃ちまくるようなのが男女同権だ」と考えるのなら、それは……。そちらが進んでいると見るならね……。例えば、前の「イラク戦争」とかでも、女性のアメリカ兵士が〝アパッチ〟っていう対戦車ヘリコプターに乗って、ボンボン、ミサイルのスイッチを押して、イラクの戦車をガンガンに炎上させてましたけどね。

ただ、私たちから見ると、「ちょっと、何か受け入れがたい」というか、「女性は、そういうことは、なるべくしてほしくないなあ」っていう感じは、やっぱり、あることはある。男としてのプライドがね、ちょっと許さないようなところはある。

もちろん、それを「差別」と言うなら、そうなのかもしらんけど。

ＬＧＢＴの流れを生んでまで「性差をなくすこと」が人類の幸せなのか

ハメネイ師守護霊　だけど、それが……、「男女が戦争もできるぞ」と、「一緒だぞ」というのが、「ＬＧＢＴ」なんかの流れを生むものにもなってるんだろうと思うんだけどね。

だから、「そこまで性差をなくしてしまうことが、本当に、人類にとっては幸せなことなのかどうか」っていうことは、一つの〝クエスチョン〟ではあると思うね。

最後、マスター大川はどういうふうに（判断を）なされるのかは知らないけれども、ＬＧＢＴは、われらのほうに来りゃ、これは、すぐ〝刑務所行き〟ですよ。だけど、欧米のほうでは、どんどん合法化されて、「男同士、女同士、あるいは、両方でも構わない」みたいな怪しげな。ちょっとね、「言い訳がある」と思うんですよ。

だから、そうだねえ、男同士で結婚した人が、女との間にも子供ができる。それって、すごく何か……、「ほんとに正直かい？　どうかな」っていうね。ちょっとおかしい。だから、性的なものが自由化されすぎて、退屈して、何か変態行為に走ってるようにしか、私には見えないんだけどね。

及川　なるほど。

3　ユダヤ教・イスラエルの動き、正当なラインは

なぜ、イスラエルにそんなに権利があると言えるのか

及川　今の宗教的な観点から、改めて、現代の国際政治状況(じょうきょう)を、ハメネイ師守護霊様の目でご覧になったとき、アメリカとイランは、このあと、どういう方向に行くのでしょうか。「戦争になるのか」、それとも、「何らかの合意に至るのか」、このあたりは、どのようにご覧になっているのでしょうか。

ハメネイ師守護霊　いや、うちは、「核(かく)合意を守っていたほう」だからね。一方的に離脱(りだつ)したのはアメリカのほうで、そして、アメリカの今の考えから言えば、「いずれ、イスラエルに支配されろ」と言ってるようにしか聞こえないんですけどね。

「それだったら国民的合意は取れないな」っていう考えですよね。

そう言ったって、(イスラエルは)一九四八年につくられた国でね。イエスのあと、マサダの砦で国が滅びて、それから、もう千九百年もたってから、世界に散ったのが集まって、国をつくって、(イスラエルの人口は)九百万人ぐらいいると思うけど、ユダヤ人は七百万人をちょっと切ってるぐらいで、あとはアラブ人も入ってるしね。

そういう国をつくってはいるけど、「そんなに権利があっていいのか」っていう、一九四八年にできた(国に)。まあ、中国も、一九四九年か、そのくらいにできた国かもしらんけど。仲間に入れてほしけりゃ、やっぱり、それなりに分を守ってやらなきゃいけないよね。

「モーゼの神様よりアッラーのほうが全智全能だ」

ハメネイ師守護霊　モーゼの神様だって、「カナンの地があるから行け」って言って、（モーゼは）出エジプトして行ったけど、何十年も迷ったことになってるじゃない、砂漠を。

それは、神様が「そこに国を建てよ」と言ったところに先住民がいたからでしょ？　先住民がいて、そこに住もうとしたら、矢を射かけてくるからね。しょうがないから、あっちに行ったりこっちに行ったりして時間を稼いでいたんでしょうから。その「モーゼに約束した神様」っていうのは、実に〝いかがわしい〟神様だわね。

だから、それ、よくあるじゃない。「二股」っていうやつだよね。二股だわね、どう見ても。「二つの国民に、同じ国を約束した」みたいにしか見えないわね。

これは全智全能の神じゃないね、たぶんね。と、私は思いますがね。だから、私たちが感じているアッラーのほうが、全智全能の神の系譜を引いているものだと思っているので。

まあ、（私たちは）「宗教的にイスラエルを滅ぼしたい」とまでは思ってはいないけれども、「彼らが信じているものが全智全能で、世界を支配しなきゃいけない」とは、私は信じることはできない。

で、キリスト教は、「イエスの最期」が「イスラエルの最期」につながっていったのをよく分析したならば、やっぱり、ユダヤ教徒に対して、一定の「自制心」っていうか、「節度」っていうか、「自分たちに許された範囲がある」ということを言うのがキリスト教の本筋じゃないでしょうかね。

だから、ちょっと、アメリカは〝入られ〟すぎてる。

アメリカが戦争を始めれば〝ハリネズミ〟になって戦うしかない

及川　なるほど。おっしゃっていることは、宗教的観点で、すごくよく理解できるのですが、トランプ大統領自身は、現時点では、あまり戦争をやりたくないようなことはおっしゃっています。

ただ、先ほどのロウハニ大統領の守護霊様のお話をお聞きすると、どうも、戦争をやらせたい人たちが、アメリカのなかにも中東にも、ずいぶん、勢力としているのかもしれません。

そうすると、やはり、「トランプ大統領が、何らかのかたちで戦争を始める」という時期が来るのかもしれないのですが、その見通しに関しては、ハメネイ師の守護霊様としては、どのようにお考えでしょうか。

ハメネイ師守護霊　それは、サウジアラビアの米軍基地からね、空爆されて、ミサイルも飛んできて、撃ち合いになれば、うちも〝ハリネズミ〟になって戦いますけど。それは、そうとうな被害は出るでしょうね。

さらに、どさくさに紛れて、イスラエルはシリアまで取りに来るでしょうから、ゴラン高原から、さらにシリア……。シリアのアサド政権も、もう、死に体に近いような政権ですから、シリアまで一気に取ってしまうでしょうが。そうすれば、次は、「イラン占領」が次の目標になるでしょうね。

だから、戦争を仕掛ける以上、そこまで考えていると推定されるので。まあ、われらは、そんなに侵略的な考えは、今、持ってないので、「専守防衛」ですけれども。とりあえず、〝ハリネズミ〟になって戦うしかないとは思ってます。

「イランから攻撃する」ということはありえない

ハメネイ師守護霊　ただ、あとは、国際正義に訴えるしかないと思うので、今、言ってるようにね、「こちらのほうから手を出す」っていうようなことは、ありえないことなんですよ。

だから、「タンカー攻撃をする」とか、「サウジアラビアの石油タンクをミサイルで攻撃する。ドローンで攻撃する」なんて見え見えのことは、自分たちが死地に追いやられることになるに決まってるから、国家的意思決定で、そういうことをするのはありえない。ありえないことですよ、絶対に。

だから、イランが、今、「石油を売れなくて、生活に困っている」とか、「物不足でインフレが進んでいる」とかね、そういう弱みを煽りながら、だんだん締め上げてきているんだろうと思いますけどね。

まあ、（石油は）日本が買ってくださいよ。日本が買ってくれりゃ、何とか、もつから。だから、私たち、そんなに攻撃したいわけじゃないから、別に。で、イスラエルも、ちょっとおとなしくしてくれりゃいいんであって。ちょっと欲が過ぎてる。

イランは第二次世界大戦時の「ＡＢＣＤ包囲網」下に近い状況

藤井　今のイランが置かれている状況は、太平洋戦争当時の「ＡＢＣＤ包囲網」に近いところがあるかと思いますが。

ハメネイ師守護霊　そう、そう。似てる、似てる。

で、そこまで、先進国にね、敵として囲まれなきゃいけないほどの理由は、私た

●ＡＢＣＤ包囲網　資源を求めてアジア進出を図った日本に対し、アメリカを中心にアメリカ、イギリス、中国、オランダが石油等の対日輸出を停止し、経済的な封鎖を強めたこと。太平洋戦争開戦の一因とも言われる。「ABCD」は America、Britain、China、Dutch の頭文字。

ちにはないんですよ、どう考えても。ないんですよ。

で、「イスラエルが敵視している」とかね。あるいは、「サウジアラビアのスンニ派対イランのシーア派で割れている」と。でも、これ、もう千年以上の歴史がありますから、そんな簡単なことではありませんのでね。

でも、このへんについては、やっぱり、イスラム圏のなかで解決すべき問題でしょうね。そんなに、キリスト教国が、戦争まで仕掛けて判断するようなことではないんじゃないでしょうかね。

藤井　トランプ大統領が「イランとの核合意」を離脱したところから、情勢が緊迫していますが、「核開発」に関しては、何かお考えは持っていますか。

ハメネイ師守護霊　いや、それは、そちら様から意見を聞きたいぐらいで。「イスラエルがそれだけ核武装していて、われわれはしちゃいけない」っていう、本当に、これ、国際的な正義として正しいんですか。

藤井　これは第二次世界大戦の戦後体制の枠組みともかかわっているかと思います。つまり、日本も、北朝鮮の脅威にさらされながら、まったく無防備な状態のままでいるという。

ハメネイ師守護霊　絶対、おかしいですよ。

藤井　はい。

ハメネイ師守護霊　北朝鮮が核武装しているのは、これ、もう世界中が知ってるんでしょ？　で、自分で認めてるんだから。普通は、「持ってない、持ってない」って言いながらつくっているものですけど、（北朝鮮は）「持っている」って言っているし、実際に（ミサイルを）発射しているし。で、原爆も水爆も持っているでしょ？

これ、攻撃しなきゃいけないでしょ、普通は。これは、潰さなきゃ駄目でしょう。二千万人ぐらいの国で、アメリカの千分の一ぐらいしか経済力がないような小国が、核兵器をつくってミサイルをバンバン撃ってる。これこそ、ひねり潰さなきゃいけない相手でしょ。

二〇二〇年の「アメリカ大統領選」に対する思惑を訊く

ハメネイ師守護霊　だから、トランプさん、少し、何か〝ネジが緩んでる〟んじゃないですかね。

藤井　確かに、そうなんですが、来年、アメリカでは大統領選が予定されていて、逆に民主党政権になった場合には、戦争の危険は、意外にさらにあるのではないかとも思いますが。

ハメネイ師守護霊　いや、「人権」をさらに言うとね、「人権」を言うと、民主党だって、それは（どうするか）分からないから。香港（ホンコン）だってウイグルだってチベットだって、みんな……。

藤井　トランプがいいのか、そうでないほうがいいのか。

ハメネイ師守護霊　うーん、うん。

藤井　習近平（しゅうきんぺい）氏（守護霊）は、霊言（れいげん）のなかでは、「トランプが大統領選に負けるようにしたいんだ」と言っていますが、そのあたりは、どのようなポジショニングを考えていらっしゃるんでしょうか。

ハメネイ師守護霊　（習近平氏は）トランプさんの時代に「自制している」ように見えることは見えるけどね。「今は、アメリカと正面衝突するのはちょっと〝早すぎる〟」と見ているから。ほんとはヒラリーのほうがよかったかもしれないですね。「ヒラリーなら勝てる」と思うかもしれなかったですね。

トランプは、喧嘩するときは、〝西部のガンマン〟みたいな喧嘩の仕方をするからね。ちょっと、それはあるから。

いやあ、世界は難しくなってきたね。とっても難しい。

「イランはテロ支援国家」という情報の発信源は誰なのか

ハメネイ師守護霊　でも、どう考えてもね、「石油タンクが攻撃された」「タンカーが攻撃された」、要するに、「イランはテロ国家だということを認識せよ」というアジテーション（煽動）を（アメリカが）世界にやってるんでしょう？

だから、われわれは、アッラーの神に誓って、そういう、アメリカが空軍基地を置いてるサウジアラビアをわざわざ攻撃しなきゃいけない理由は、われわれにはないし、安倍さんがアメリカに攻撃させないように話しに来ているときに、日本が所有してるようなタンカーに攻撃をかけなきゃいけない理由も、われわれにはないので。

だから、これは、もう、陰謀渦巻く中東情勢だわね。とりあえず、うーん……。でも、これ、発信源はネタニヤフでしょう。どう見ても、彼でしょう。発信源は彼でしょう。

「イスラエルの建国」をどう見ているのか

藤井　本来的には、日本が調停できる立場に立てるといいと思いますが、そのあたりの期待などはいかがでしょうか。

中東問題というのは、「アメリカ側がイスラエル側に深くコミットしすぎている」

というところがあって、ここが解決が難しい原因になっているのではないかと思いますが。

ハメネイ師守護霊　いやあ、それ、ヒットラーのせいもあるけど、英米仏が……。「シオニズム運動」っていうのがあったけどね。前世紀の初めからあったけど。ほかのところに国を建てる……、やっぱり、アメリカのなかに、イスラエルを持っていったほうがいいじゃない。砂漠がいっぱいあるじゃないの。ネバダ砂漠、あそこにイスラエルを建てたら、いいじゃない。連邦制だから、一つぐらい州が増えたっていいじゃない。

福音派の「ヨハネの黙示録」にまつわる解釈への疑問

藤井　冒頭、大川隆法総裁が、アメリカのトランプ大統領の有力な支持母体として、「福音派」に言及されていましたが、ここが、かなり親イスラエルだという状況で

●シオニズム運動　パレスチナにユダヤ人の祖国を再建することを目的とした政治活動。19 世紀末に起こったこの運動が、1948 年のイスラエル成立につながった。

す。

　これに対しては、どのようにご覧になっているでしょうか。

ハメネイ師守護霊　〝迷信家〟だよね、はっきり言ってね。その訳の分からん「二千年前の予言」みたいなのが成就するようなことを期待してるみたいな。ちょっと、おかしいんじゃない？　もう。

　何か、私たちが見て、あちらのほうが古い、古い。「ヨハネの黙示録」みたいなのは、やっぱり、十分に警戒すべきだと思う。おかしいよ、あれ、言ってることが。あれ、あんまりロジカル（論理的）な人間が書いた文章とは思えない。

　あれはね、今では、麻薬中毒患者が書いたような予言書なんで、あんなのは、正統な預言者が書くようなものではないわ。おかしい。

　言ってることが、もう「悪夢」だよね、あれね。何か、麻薬をやってる人の見た妄想みたいなのを書いてるから。あれは違うね。だから、「福音書のヨハネ」とも違うし、まあ、ちょっとねえ。

それで、どうしても、何か、中東に「最後」を持ってきたいんでしょ? 人類の最後の〝あれ〟を起こしたいんだろうと思うけどね。そんな二千年も先のことを予言なんかして、当てられる人なんかいやしないんで。こちらのほうが、イスラム教のほうが、あとからできてるんでね。

だから、あれはね、ネタニヤフは、もしかしたらね、もう自分を「キリストの再臨」ぐらいにしたいんかもしれない、もうほんとは、本音は、もしかしたらそうだな。キリスト教の影響も、アメリカで受けてるからさ。だから、中東全域を支配して、「本物のキリストが再臨した」みたいな。〝中東の救世主〟になりたがってるんじゃないかなあ。

ネタニヤフ氏や今のイスラエルをどう見ているのか

及川　今、ネタニヤフ氏のお名前を何度か出されました。

トランプ大統領は、今回の国連総会で、「もしかしたら、ロウハニ大統領と会ってもいい」という姿勢を示したのですが、それに対して、ネタニヤフ氏としては、やはり、「そんなことをされては困る」という思いがあったのではないかと思うんです。

このネタニヤフ氏の戦略というのを、ハメネイ師の守護霊様としては、どのようにご覧になっていますか。

ハメネイ師守護霊　いやあ、〝臭い人〟だよね、ほんとね。何を考えてるのか。少なくとも、（守護霊の）霊言なんか出てるじゃない。大したことないのが、すぐ分かるじゃない。

だから、イヴァンカさんのご亭主とね、もしかしたら、〝いい仲〟にあるかもしれないよね。もしかしたら、三角関係かもしれないわな。一緒の家で寝るなんて、おかしいわ。なあ？　何か、個人的にちょっと、パーソナルに何か、〝ラブ〟があ

●霊言なんか……　『イラン大統領vs.イスラエル首相』（幸福実現党刊）、『リーダー国家 日本の針路』（前掲）参照。

るかもしれないから、ほんとに怖(こわ)いですよね。

及川　そうしますと、今のイスラエルを見るときに、「ネタニヤフ政権」というのは、確かに、この十年間続いていて、トータルでは十三年間になるんですけれども、「ネタニヤフ氏による暴走」というように見たほうがいいんでしょうか。

ハメネイ師守護霊　もちろん、その後押(あとお)しをしている者もあるとは思うんだけどね。意外に、いや、敵であったヒットラーに似てきているように見えるんですよ。まあ、今だと、そこまでは言えないけど、次、踏(ふ)み込(こ)んだら、ヒットラーまで行くんじゃないかな。シリアを制圧して、次、イランに攻(せ)め込んだら、もう、これ、行くかもしれない。

及川　なるほど。

ヒットラーとの違いは、「ヒットラーには、そのとき、国民の圧倒的な支持があった」ということだと思います。

ハメネイ師守護霊　ああ、なるほど。

及川　今のネタニヤフ首相には、そこまでの支持がもうなくなっているようなんですが、そのへんや、この先については、どうご覧になりますか。

ハメネイ師守護霊　賄賂をもらったりね、いろいろなことをやっている。だから、イスラエルも〝変な国〟なのよ。前任の首相は確か賄賂で刑務所に放り込まれた。（今の大統領の）前々任の大統領は秘書へのセクシャル・スキャンダルか何かで放り込まれた。

だから、ちょっと韓国みたいなんだよな、「先にいる人をみんな消していく」っていうスタイルでは。どうだろう、本当に民主的な国家かねえ、これ。

小林　ハメネイ師守護霊から見て、今のイスラエルを指導している神は、どういう存在なのでしょうか。

ハメネイ師守護霊　そんなものがいるわけはないでしょう。

小林　（苦笑）

ハメネイ師守護霊　イスラエルに神なんかいませんよ、今。いるわけがないじゃない！　絶対、ないよ。

ネタニヤフは「自分が神だ」って言うに決まっているわ。「自分こそが神の生まれ変わりだ」と言ってね。いやあ、妬む神だから、絶対そうだよ。ネタニヤフは、

郵便はがき

料金受取人払郵便

赤坂局承認

5565

差出有効期間
2020年6月
30日まで
(切手不要)

112

東京都港区赤坂2丁目10−14
幸福の科学出版(株)
愛読者アンケート係 行

ご購読ありがとうございました。お手数ですが、今回ご購読いただいた書籍名をご記入ください。

書籍名

フリガナ お名前	男・女	歳
ご住所 〒 　　都道府県		
お電話(　　　)　　—		
e-mail アドレス		
ご職業 ①会社員 ②会社役員 ③経営者 ④公務員 ⑤教員・研究者 ⑥自営業 ⑦主婦 ⑧学生 ⑨パート・アルバイト ⑩他(　　)		
今後、弊社の新刊案内などをお送りしてもよろしいですか? (はい・いいえ)		

愛読者プレゼント☆アンケート

ご購読ありがとうございました。今後の参考とさせていただきますので、下記の質問にお答えください。抽選で幸福の科学出版の書籍・雑誌をプレゼント致します。(発表は発送をもってかえさせていただきます)

1 本書をどのようにお知りになりましたか？

①新聞広告を見て [新聞名：]
②ネット広告を見て [ウェブサイト名：]
③書店で見て　④ネット書店で見て　⑤幸福の科学出版のウェブサイト
⑥人に勧められて　⑦幸福の科学の小冊子　⑧月刊「ザ・リバティ」
⑨月刊「アー・ユー・ハッピー？」　⑩ラジオ番組「天使のモーニングコール」
⑪その他 ( )

2 本書をお読みになったご感想をお書きください。

3 今後読みたいテーマなどがありましたら、お書きください。

ご感想を匿名にて広告等に掲載させていただくことがございます。ご記入いただきました個人情報については、同意なく他の目的で使用することはございません。

ご協力ありがとうございました。

そうなんじゃないかな。「ヤハウェ」を名乗るに違いない、きっと。

4　日本・安倍首相へのメッセージ

中国にビデオメッセージを贈った安倍首相は〝二股膏薬〟

藤井　そろそろ時間も迫ってまいりましたけれども……。

ハメネイ師守護霊　あっ、そうですか。

藤井　最後に、日本あるいは幸福の科学に期待することなどがありましたら……。

ハメネイ師守護霊　ちょっとよじれて、「トランプさんについていこうとしている部分」と「違う部分」とがあるので、難しい。それは日本に軍事力が十分ないからなんだよ、ほとんどな。主体的な判断ができない。で、あれなんだろう？　安倍首相は、「中国建国七十周年」で、お祝いのビデオメッセージをお贈りになったんでしょう？　いやあ、この人も、ほんとに、いわゆる〝二股膏薬〟だね。ね？　何を考えているんだろうね。

アメリカと中国との間で緊張が高まっているのに、そのなかで両方に媚を売っているかたちだよね。これ、「国際的信用」はあるんだろうか。「正義」とか、分かるんだろうかね。分からない。いやあ、〝いい顔〟はするんだが……。

あまり言って君たちが被害を受けるといけないから、ちょっと手加減して言うしかないけどね。

ただ、君たちは香港の応援をしているけど、今の政府はしないでしょう、おそらく。それは「観光客」と「購買客」が減るのを恐れているからでしょう。

日本も、ある意味ではイスラエルみたいに「資源のない国」だからね。だから、観光客なんかを相手にして国を建てようとしたら、非常に不安定なものになるでしようね。日本が発展したこと自体が奇跡で、不思議すぎるわね。

「日本神道の神々は、かなり霊格が高い」

ハメネイ師守護霊　ただ、「日本神道の神々は、かなり霊格が高い」ということは知っといたほうがいい。黄色人種はたくさん世界に散らばっているけれども、「日本が、これだけ長い間、世界のなかで独特の文化を維持できた」ということは、「それだけ立派な方々が続々生まれていた」ということだよね。だから、それを護らなくてはいけない。

「最後の救世主はイスラエルに生まれずに日本に生まれたんだ」ということ、これは何を意味しているかっていうと、「世界の調停をせよ」ということだと思うよ。だから、「世界の宗教の違いを説明せよ」ということだと思うよ。

先の大戦で日本がやりたかったこと

ハメネイ師守護霊　「先の大戦で日本がやりたかったこと」は、本当は、こういうことなんだよね。

誤解されているけど、「八紘一宇（はっこういちう）」の本当の意味は、「大きな天蓋（てんがい）のうちに、すべての諸国民、民族が仲良く暮らせる、『四海同胞（しかいどうほう）』の世界をつくろう」っていうことであり、それが日本の夢だったからね。

悪いことばっかりを、今、左翼（さよく）のマスコミは言っているんだろうけど、本当は、そうではなかったはずで、その証拠（しょうこ）はいくらでもあるよ。インドにも、インドネシアにも、ほかの国にも、たくさん証拠は残っている。

だから、日本にもう一回、精神的に立ち直ってほしい。いやあ、「強い強い日本、侍（さむらい）国家が東洋になくなる」っていうのは、ちょっと悲しすぎるわ。それについては、何とか、けじめをつけていただきたい。

●四海　「四つの方向の海」のことで、「全世界」を意味する。

ウイグル問題に関しては「日本が強く言わなければ無理」

及川　非常にありがたいお言葉なんですけれども、もう一点だけ、お伺いします。今のイスラム世界全体のなかで、サダム・フセイン亡きあと、やはり、イランの宗教指導者であるハメネイ師が一つの英雄待望の対象になると思うのですが……。

ハメネイ師守護霊　うーん。

及川　そのようななかで、中国のなかのイスラム教徒であるウイグル人たちが、今、苦しい現状にあることに対し、何かイランから発していただくことはありうるでしょうか。

ハメネイ師守護霊　いやあ、言いたいことは言いたいんだけど、こっちも石油のところを握(にぎ)られているので（苦笑）、つらいね。本当につらいね、こういうのは。

まあ、軍事的に解放することは、われわれではちょっと無理なんで、できないんですけど。

中国が、「投資をすることと石油を買うことで、ほかのところを懐柔(かいじゅう)していく」っていう作戦を、ずーっとやっとるのでね。

トルコはちょっと（ウイグル問題に関して）異議を申し立てたのかもしらんけど、トルコには石油がほとんど出ないよね。ほかのところは、イスラム教国でもみんな黙(だま)っているし、仏教国でもチベットに対して黙っているし、冷たいわね。

今、（中国は）キリスト教とぶつかっているんでしょう？　だから、キリスト教とぶつかっているところについては、キリスト教国がちょっと意見を言い始めている。「香港や中国の地下教会等が、この先、危ない」ということで、そのへんがあるんだと思うけどね。

いやあ、これについては、もう日本しかないね。やっぱり、日本が強く言わなければ無理だね。

ホメイニ師の転生(てんしょう)については「ご本人に訊(き)くべき」

藤井　すみません。最後に私からもう一つだけ、お伺いしてもよろしいでしょうか。

ハメネイ師守護霊　うん。

藤井　イスラム革命の最初の指導者であるホメイニ師についてお伺いします。ハメネイ師は、これまでのリサーチでは、●アブー・バクルさん……。

ハメネイ師守護霊　はい。

藤井　●北条時政(ほうじょうときまさ)さん……。

●アブー・バクル(573～634)　アブー・バクル・アッ＝スィッディーク。預言者ムハンマドの親友で、イスラム教の勢力拡大に貢献。ムハンマドの死後、イスラム共同体の合議により選出された初代正統カリフ(在位632年～634年)。

ハメネイ師守護霊　うん。

藤井　そして、●黒木為楨さんという過去世で転生をされています。

ハメネイ師守護霊　うん。

藤井　ホメイニ師も、同じような使命を持った方だったのでしょうか。

ハメネイ師守護霊　ご本人に訊くべきだけどね。君たちには時間制限があるから、訊けないかもしれないけど、本人ではなく私が言うのは、どうなんだろうかね。

藤井　分かりました。はい。

●北条時政（1138〜1215）　鎌倉幕府の初代執権。源頼朝の妻・政子の父。頼朝の挙兵に協力し、鎌倉幕府を開く上で貢献。頼朝の死後は2代将軍・頼家を廃して実朝を擁立し、初代執権として幕府の実権を握った。

ハメネイ師守護霊　イスラム教に関係がある人ではあろうけど。十分ぐらいなら来てくれるんじゃないかな。

藤井　はい。では、よろしくお願いいたします。

ハメネイ師守護霊　私が言うのは失礼に当たるんじゃないですか。

藤井　はい。では、ぜひ……。短くても結構ですので……。

ハメネイ師守護霊　ああ、そう。

●**黒木為楨**（1844～1923）　陸軍大将。薩摩藩出身。戊辰戦争、西南戦争、日清・日露戦争に参戦。日露戦争では、第一軍司令官として奉天の会戦でクロパトキン指揮のロシア軍を破り、勇名を轟かせた。後、枢密顧問官となる。

藤井　たいへん貴重な機会ですので……。

ハメネイ師守護霊　「（過去世は）誰か」ということと、簡単な意見だけを聞いたらいいと思う。

藤井　はい。ありがとうございます。

ハメネイ師守護霊　はい。

「霊言現象」とは、あの世の霊存在の言葉を語り下ろす現象のことをいう。これは高度な悟りを開いた者に特有のものであり、「霊媒現象」(トランス状態になって意識を失い、霊が一方的にしゃべる現象)とは異なる。外国人霊の霊言の場合には、霊言現象を行う者の言語中枢から、必要な言葉を選び出し、日本語で語ることも可能である。

なお、「霊言」は、あくまでも霊人の意見であり、幸福の科学グループとしての見解と矛盾する内容を含む場合がある点、付記しておきたい。

第3章　ホメイニ師の霊言（れいげん）

二〇一九年九月二十八日　収録

幸福の科学　特別説法堂（せっぽうどう）にて

ホメイニ（一九〇二?～一九八九）

イランの宗教家・政治家。イスラム教シーア派の指導者。聖都コムの神学校で学び、イスラム神学、イスラム法の権威として早くから頭角を現す。一九六三年、パーレビ国王の農地改革と弾圧政治に強く反対したため逮捕され、翌年には国外に追放されたが、七九年、イラン革命の勝利によって帰国。同年十二月にイラン・イスラム共和国を樹立し、最高指導者となった。八〇年、イラン・イラク戦争勃発でフセイン政権打倒を掲げるも、八八年に国連安保理停戦決議を受諾。

質問者

藤井幹久（幸福の科学宗務本部特命担当国際政治局長〔参事〕）

［役職は収録時点のもの］

イランでイスラム革命を起こしたホメイニ師の霊(れい)を招霊(しょうれい)する

大川隆法　（手を二回叩(たた)く）では、せっかく名前が出てきましたので、イスラム革命を起こしましたアヤトラ・ホメイニ師をお呼びしたいと思います。

ホメイニ師、ホメイニ師。

イラン・イスラム共和国、初代最高指導者のホメイニ師よ。

ホメイニ師よ、出てこれますか。

ホメイニ師、出てこれますか。

ホメイニ師、出てこれますでしょうか。

イランの今の革命政権をつくったホメイニ師、出てこれますか。出てこれますか。

（約二十秒間の沈黙(ちんもく)）

過去世は「ギリシアを攻めたペルシアの王」

藤井　ホメイニ師でいらっしゃいますか。

ホメイニ師　うん、うん。ううーん。うん！

藤井　短い時間で、恐縮でございますけれども……。

ホメイニ師　アッラー・アクバル（アッラーは偉大なり）！

藤井　はい。

ホメイニ師　うん。うん。うん！　うん！　うん！

イランの初代最高指導者ホメイニ師。

藤井　「イラン・イスラム革命は世界史的な意味を持った出来事だった」と思うのですけれども……。

ホメイニ師　うん、うん。

藤井　ホメイニ師は、いったい、どのようなご存在なのでしょうか。

ホメイニ師　うん（約十五秒間の沈黙）。うん？

藤井　アッラーへの信仰をお持ちの方ですね。

ホメイニ師　ハア。ハア。ハア。ハア。うーん。ハア。（大きく息を吐く）ほーっ。

うん。ス……。ス、ス、ス、ササン朝ペルシアに出た。

藤井　イランが最盛期だったころでしょうか。

ホメイニ師　うん。うん。そう。そう。そう。

藤井　当時は何を目指されていたんでしょうか。

ホメイニ師　うーん。世界の中心、中心、中心になろうとしていた。

藤井　もしよろしければ、お名前を明かしていただくことはできますでしょうか。

ホメイニ師　うーん。うん（約五秒間の沈黙）。うん（約十秒間の沈黙）。スレ？

●**ササン朝ペルシア**　古代イラン（ペルシア）の王朝（226～651）。アルデシール１世が建国した農耕国家で、イラン高原を中心に西アジアを支配した。ゾロアスター教を国教とした専制政治が行われ、ホスロー１世のときに最盛期を迎えたが、イスラム軍に敗れて滅亡した。

スレ？　スレイマ？　うん？

藤井　スレイマー？

ホメイニ師　スレイマ？　違うか。スレイマ……。うーん。スレイマン。

藤井　すみません。イランの歴史にあまり詳しくはないのですけれども、いつごろの時代のことなのでしょうか。

ホメイニ師　うーん。スレイマン。うーん（約五秒間の沈黙）。中世？　始まるころ？　うん、うん。スレイマン。

そして、前、前、ダレイオス。

●**ダレイオス１世**（前558頃～前486）　アケメネス朝ペルシアの王（在位前522～前486）。前王の死による内乱を鎮圧し、中央集権を確立した。また、ギリシア遠征（ペルシア戦争）も行ったが、マラトンの戦いに敗れ、撤退している。（上）ダレイオス１世のレリーフ（イラン・ペルセポリス）。

藤井　ダレイオス。はい。

ホメイニ師　これはペルシアだよ。ギリシアを攻(せ)めた。

藤井　ああ。はい、はい。

ホメイニ師　ダレイオス。ギリシアは小さかった。二十万でギリシアを攻めた。ダレイオス。「世界帝国(ていこく)」をつくった。

藤井　はい。歴史に名前を遺(のこ)されています。

ホメイニ師　君たちはギリシアの側から見ているけど。

「300〈スリーハンドレッド〉」という映画があるね。あの敵はダレイオス。ダレイオスは私ね。うん。うん。

イラン革命が目指したのは「イスラムの再度のルネサンス」

藤井　イラン・イスラム革命は、何を意図されたものだったんでしょうか。

ホメイニ師　イスラムの再度の爆発（ばくはつ）、開花、ルネサンス……。

藤井　はい。

ホメイニ師　イスラム革命は、堕落（だらく）しつつあるキリスト教に代わって、神の心を説く。だから、石油とかによる神の福音（ふくいん）を力にして、イスラム文化を、もう一度、花開かせることを考えていた。

●「300〈スリーハンドレッド〉」　2007年に公開されたアメリカ映画（ワーナー・ブラザース）。ペルシア戦争のテルモピュライの戦いがテーマの作品。父・ダレイオス1世の遺志を継いだクセルクセス1世率いるペルシアの大軍と、ギリシアのスパルタ軍兵士300名との激闘が描かれている。

近年の産業革命以降、ヨーロッパ、イギリスとかが強くなって、中東は弱くなったんだよね。イスラム教は貧しい国ばかりに広がっているので、イスラムを、もう一度、強国にする目的で生まれた。

「われわれの神はエローヒムだ」と語るホメイニ師

藤井　アッラーへの信仰をお持ちなのでしょうか。

ホメイニ師　うーん。アッラーより前までつながっているね。アッラーより前があるね。アッラーより前はある。

われわれの神はエローヒム●だ。エローヒムの神だ。

「エローヒムの使者」だから。

藤井　エローヒム様をご認識されている？

●エローヒム　地球系霊団の至高神であるエル・カンターレの本体意識の一つ。約1億5千万年前、地球に地獄界のもととなる低位霊界ができ始めていたころ、今の中東に近い地域に下生し、「光と闇の違い」「善悪の違い」を中心に、智慧を示す教えを説いた。『信仰の法』（幸福の科学出版刊）等参照。

ホメイニ師　うん。知っている。知っているよ。われわれはね、欧米（おうべい）の指導者より格下ではないよ。だから、宗教国家をバカにするんでないよ。

日本での過去世（かこぜ）の一つは、古代の将軍で皇室の祖先

藤井　時間が短くて恐縮なのですけれども、日本神道（しんとう）の霊界（れいかい）とのかかわり、日本とのかかわりが霊界でおありでしょうか。

ホメイニ師　うん。ああ。ああ。ああ。うん。●大日孁貴（おおひるめのむち）のときに、今は歴史に遺っていない、古代の将軍をやったね。

藤井　「天照大神（あまてらすおおみかみ）様の魂（たましい）と非常に近い関係にある」ということですか。

●大日孁貴　『日本書紀』に登場する神。「天照大神」の別名と言われている。『大日孁貴の霊言』（幸福の科学出版刊）参照。

ホメイニ師　大和朝廷より〝もっと前〟の朝廷があるのよ。その時代に一緒だったね。

「大日孁貴」って呼ばれている人は三人いるのよ。もう名前の違いが分からないので、まとめて「大日孁貴」って言われているけど、大日孁貴が女性であったときと男性であったときがあるのよね。で、女性であったときの夫なのよ。たぶん、今から三千何百年か前だと思う。

藤井　「たいへん近い立場」ということですか。

ホメイニ師　うんうん。だから、私も日本の皇室の祖先です。

藤井　ハメネイ師は、北条時政や黒木為楨として、近い時代にも生まれられているんですけれども、ホメイニ師も、日本史のなかで、近い時代にご縁があったりしますでしょうか。

ホメイニ師　（約二十秒間の沈黙）うん。徳川（とくがわ）……。徳川……。

藤井　徳川将軍？

ホメイニ師　ひで、ただ？　秀忠（ひでただ）？

藤井　二代将軍ということですか。

ホメイニ師　秀忠かな。うん。うん。

藤井　分かりました。はい。

「イスラムと日本神道は同根。日本よ、頑張れ」

ホメイニ師　今、『コーラン』を唱えていたので、（霊言の）準備ができていなかった。すまない。

藤井　はい。

ホメイニ師　「イスラム」と「日本神道」は同根よ。同じよ。

藤井　「高天原にもいらっしゃる」と？

ホメイニ師　つながっている。うん。つながっている、ちゃんと。霊界でつながっているから。だから、私たち、友達。

藤井　はい。貴重な秘密を教えていただきまして、ありがとうございます。

ホメイニ師　日本、強くなれ。

藤井　はい。

ホメイニ師　頑張れ。

藤井　はい。ありがとうございます。

第4章　日本はアメリカとイランの仲介（ちゅうかい）を

二〇一九年九月二十八日　収録
幸福の科学　特別説法堂（せっぽうどう）にて

1　イスラエルとアメリカの問題点

イスラエルは世界を引き回しすぎている

大川隆法　（手を二回叩く）中東のほうでも、過去世で活躍なされた方が三代続いているようではありますね。

非常に難しいですけれども、イスラエルは、若干、「世界を引き回しすぎているかな」という感じはあります。イスラエルの人口は九百万人ぐらいですが、そこが世界大戦を起こすのは、どうなんでしょうか。そういうところはありますね。

トランプ大統領は再選を中心に考えていらっしゃるんだろうけれども、「日本としては、戦争にならないように上手に仲介することが大事かな」と思います。

日本は化石燃料に頼りすぎることのリスクを考えよ

大川隆法　それと同時に、化石燃料に頼りすぎることのリスクも、やっぱり考えないといけません。

環境省が〝間違った戦闘〟をしないことを祈りたいと思います。小泉進次郎氏は「闘う環境省」などと言っていますが、何と闘うか分からないので（笑）、心配は心配です。先をよく考えていただきたいものです。

とにかく、（中東と）つながってきつつはありますので、「何とかまとめていきたいな」と思っています。

アメリカは、中国やイランの歴史を知らない

大川隆法　アメリカは歴史が浅いので、しょうがないですね。

中国もそうですし、イランもそうですけれども、彼らがそんなに簡単に頭を下げ

ないことには、理由があるところもあります。「アメリカは歴史を知らないだろう」というのは確かにそのとおりで、まったく歴史を知らないところはあります。

やはり、護(まも)らなくてはいけない文化もあるでしょう。

2　イスラム側が注意すべき点と日本の役割

戦争に負けなくても、イスラムの近代化はできる

大川隆法　イスラムについては、確かに、「近代化したほうがいいのかな」と思うところが、かなりありますけれども、その近代化をするのに、「戦争で負ける以外に方法がない」というのは悲しい話です。

日本の明治維新では、ちょんまげを切ったり、「廃刀令」を出して刀を身につけるのをやめたり、「廃藩置県」もやったりした結果、近代化ができています。

だから、戦争に負けなくても近代化ができることはできるので、「多少、人権侵害になっていたり、後れていると思ったりするところについては、自分たちで少し近代化したほうがよろしいのかな」と思いますし、「そうすれば誤解されにくいの

ではないか」と思います。誰もが同じような服装をして集まっているだけでも、全体主義に見えているのだろうと思うのです。

イラン側ももう少し用心しなければいけないのでは

大川隆法　何ができるかは分かりません。サダム・フセインも、「過去世は足利尊氏」と言われながら殺されていますから、よく分かりません。戦争をしたら、それはどこまで行くでしょうか。

戦争をするだけの動機があるかどうかが分からないのですが、今回のタンカーや石油タンクの攻撃のようなものがもう少し続くようなことがあれば、そのきっかけになるかもしれません。

「イラン側は、もう少し用心しなければいけないのではないか」と思います。それと同時に、アメリカ側は、イエメンのフーシ派が犯行声明を出しているのに対して、確かにフーシ派はイランに近いことは近いのですが、「イランの仕業だ」と断定している以上、もう少し証拠を固めなければいけないのではないでしょうか。今、あれだけ湾岸にアンテナを張っているのに、証拠をきちんとつかめないのは、おかしいと思うのです。

日本は「自衛隊の派遣」に踏み込んだほうがよい理由

大川隆法　日本は、ゴラン高原でのPKO（平和維持活動）のときには、「戦争をしていない場所」という条件でですけれども、自衛隊を送っています。

もう、こうなったら、ホルムズ海峡に自衛隊を送るぐらいのことをしなくては、タンカーの護衛などできませんし、貿易もできなくなりますので、そのあたりにも踏み込んだほうがいいかもしれません。そうしたら、もう少し意見も言えます。

私はそう思うのですが、これが極端なウルトラ右翼に見えるのが今の左翼マスコミなのでしょうから、「恥ずかしいな」と思います。「原子力施設をつくったら攻撃される」とか、「軍備をしたら攻撃されて、また負けるから」とか、そういう感じの報道ばかりなので、若干、日本の伝統が分断されているような気はします。

イランは〝ハリネズミ〟のようになって抵抗する

大川隆法　日本より向こうのほうが、もう少ししっかりしています。

　イランとしては、戦って勝つつもりはなく、「〝ハリネズミ〟のようになって抵抗する」ということのようです。どこまでの被害が出るのかは知りませんけれども、「何とか思想で戦えるものなら、戦いたい」と思っています。

　参考になりました。

質問者一同　まことにありがとうございました。

「霊言現象」とは、あの世の霊存在の言葉を語り下ろす現象のことをいう。これは高度な悟りを開いた者に特有のものであり、「霊媒現象」（トランス状態になって意識を失い、霊が一方的にしゃべる現象）とは異なる。外国人霊の霊言の場合には、霊言現象を行う者の言語中枢から、必要な言葉を選び出し、日本語で語ることも可能である。

なお、「霊言」は、あくまでも霊人の意見であり、幸福の科学グループとしての見解と矛盾する内容を含む場合がある点、付記しておきたい。

第5章　ホメイニ師の霊言(れいげん)②

二〇一九年九月二十九日　収録

幸福の科学　特別説法堂(せっぽうどう)にて

ホメイニ
本書百六十ページ参照。

質問者
大川紫央（幸福の科学総裁補佐）
［役職は収録時点のもの］

1　イスラム側から見た「欧米化」の問題点

前日の霊言で言い足りなかったことを伝えに来たホメイニ師の霊
（「黎明の時代」（一九九一年五月二十六日講演）の法話CDをかけていたところ、
大川総裁の右手に霊反応が起きてきた）

大川隆法　力の弱い揺れ方をしている。

大川紫央　どなたですか。

大川隆法　誰が来たんだろう？　どなたですか？　今、「黎明の時代」で反応していらっしゃる方は、どなたですか。

（約十秒間の沈黙）変な、何か、断末魔みたいな感じだな。録音はもうするの？

大川紫央　もう録音は始まっています。

大川隆法　何か来ているのでしょうか？

（約五秒間の沈黙）

ホメイニ師　はあ（ため息）。

大川紫央　どなたですか。

ホメイニ師　（約五秒間の沈黙）はあ（ため息）。ああ。あー。

大川紫央　お名前は？

ホメイニ師　ああー。ああー。

大川紫央　日本語はしゃべれますか？

ホメイニ師　（約五秒間の沈黙）ああー。うーん。（約五秒間の沈黙）アッラー……・アクバル（アッラーは偉大（いだい）なり）。

大川紫央　アッラーフ・アクバル。
●昨日（きのう）お話ししましたか？

●昨日お話し……　本書第3章参照。

ホメイニ師　うん。

大川紫央　ホメイニ師ですか?

ホメイニ師　うん。

大川紫央　ホメイニ師でいいですか?

ホメイニ師　言い足りん。

大川紫央　ホメイニ師は、今、天国ですか。

ホメイニ師　うん？

大川紫央　今どこにいますか？

ホメイニ師　そういう言い方は分からん。

大川紫央　ホメイニ師は、昨日（霊言（れいげん）収録に）呼ばれるまで、何をしていましたか。

ホメイニ師　うん、ちょっと昼寝（ひるね）しておった。

大川紫央　（笑）『コーラン』を詠（よ）まれていた……。

ホメイニ師　『コーラン』を聞いとった。

大川紫央　昼寝していたんですか。

ホメイニ師　うん。

大川紫央　どんなところで?

ホメイニ師　ヤシの木陰(こかげ)でな。

大川紫央　へえー。

ホメイニ師　(昨日の霊言収録は)予定に入っていなかった。

大川紫央　そうですね。急にお呼びしてすみませんでした。

ホメイニ師　うん。ちょっと無様ではあったかなと、自分では……。

大川紫央　そんなことないですよ。

ホメイニ師　変なことを言うた。

大川紫央　言ってないです。

ホメイニ師　あなたのほうが、もうちょっと詳しいんと違うか。

大川紫央　ホメイニ師は……。

ホメイニ師　あなたのほうが詳しいんじゃない？　昨日の〝ボケた質問者〟は、何を言うとるか分からん。

大川紫央　いや、そんなことはないでしょう（笑）。私のほうが詳しいわけではないです。

ホメイニ師　（質問者の言っていることが）ぜーんぜん分からんかった。

大川紫央　たぶん、ホメイニ師はどんな方なのかということを、昨日はお訊きしたかったのだと思います。

ホメイニ師は、今、亡くなって天国に還られて……。

ホメイニ師　うーん。それ、どうやって判断するの？

大川紫央　（ホメイニ師の写真を見せて）この写真の方でいいんですよね。

ホメイニ師　うん、そうだよ。わしが〝テロリストの元祖〟だと言われとるかもしらんが。

イラン革命の背景にあった国際情勢の変化

大川紫央　「イラン革命」は、ホメイニ師が何か思い立ったのでしょうか。

ホメイニ師　うん……。

大川紫央　それとも、天上界（てんじょうかい）の誰かから指導を受けたのでしょうか。

ホメイニ師　うん？

大川紫央　天上界のどなたかからご指導を受けて、「イラン革命」になったのでしょうか。

ホメイニ師　うーん。時代が……。いや、君にはちょっと古いんで、分からんかもしれないが、その前に、石油ショックっていうのがあったんよ。

大川紫央　はい、はい。

ホメイニ師　（一九）七〇年代にな。

大川紫央　はい。

ホメイニ師　油が入らないっていうんで、日本とかが大騒ぎしていたんだ。

大川紫央　トイレットペーパーを買い込まなきゃいけなかった。

ホメイニ師　そうそう、そうそう。だから、産油国の力が急に強くなってきていたころなんだ。

大川紫央　はい。

ホメイニ師　高度成長が始まって、石油をどう確保するかっていうことが、工業社会を発展させるための鍵だったので、産油国のアラブの国たちに力が出てきて、政治力が必要になってきていたところで……。

大川紫央　なるほど。

ホメイニ師　欧米(おうべい)や日本を向こうに回して、交渉(こうしょう)が必要な時代にはなってきておったのよ。うん。

イスラムの伝統を捨てようとしていたパーレビ国王

大川紫央　イスラム教国家としての、ある程度、特色を出した国づくりをしないと、他の国に……。

ホメイニ師　パーレビ（国王）はな、そりゃあ、〝金目当て(かねめあ)〟でね、今のサウジアラビアみたいな国になろうとしておったのさ。

大川紫央　パフラヴィーさん？

ホメイニ師　まあ、発音はいろいろあるけど。

大川紫央　「白色革命（はくしょく）」をした人ですよね。西洋化をしようとした王様。

ホメイニ師　サウジアラビアのまねをして、アメリカの〝子飼い〟になるような、そちらのほうを選ぼうとしておって。まあ、私たちのほうが保守なんですけどね。

大川紫央　はい、はい。

ホメイニ師　いやあ、それは、「イスラムの伝統」を完全に放棄（ほうき）することにもなり

●白色革命　イランのパーレビ王朝のモハンマド・レザー・パーレビ国王による、1960年代に行われた極端な西欧化政策のこと。

かねない。要するに、どんどん伝統的なイスラムの〝あれ〟を捨てようとしていた。君らで言えばさ、「祭りの神輿とか、法被とか、お囃子だとか、鉦や太鼓も、もうみんなやめてしまえ」みたいな感じになった。まあ、言えば、そんなことさ。ああいうのは時代遅れだっていうような感じ？「村祭りなんかやめてしまえ」っていう感じかな。「そんなのはやめて、休日には、ホテルのプールで泳ぎましょう」みたいな感じさ。

大川紫央　でも、ユダヤ教も、まだ、金曜日の夜以降、仕事をしてはならないとか、エアコンのスイッチも押したらいけないとか、けっこうありますよね。

ホメイニ師　きょうだいだからね。（イスラム教とユダヤ教は）宗教的にはきょうだいだから、似てはいるんだよ。

大川紫央　ケータイを触（さわ）ってはいけないとか。

ホメイニ師　うーん。それを、みんなが守ってるかどうかは別だよ。

大川紫央　なるほど。

イラクとイランを狙（ねら）うサウジアラビアの意図

大川紫央　でも、サウジアラビアの王室も、世界的に見ると、そんなにイメージがよいわけではないような気が、個人的にはしていますが。

ホメイニ師　うーん。

大川紫央　何かちょっと、権力にものを言わせている感じがあります。

ホメイニ師　今、イスラムの諸国はたくさんあるけどね、サウジアラビアはね、もう「アメリカの犬」なんだよ。

大川紫央　うーん。

ホメイニ師　だから、嫌(きら)われてるよ。

大川紫央　はい。

ホメイニ師　アメリカに尻尾(しっぽ)を振(ふ)ってさ。同僚(どうりょう)たち、〝仲間を売ってる〟のよ。

大川紫央　ああー。

ホメイニ師　売り渡してるからさ。だから、嫌われてるよ。イラクだって、売られたようなもんだからさ。

大川紫央　確かに。もしかしたら、サウジアラビアの代わりに攻撃された可能性がありますよね。

ホメイニ師　サウジアラビアから、イラクは攻撃されたんだ。

大川紫央　ああ、なるほど。サウジアラビアが、そのように仕向けていた可能性がある、と？

ホメイニ師　あそこに基地があってね。そして、イランもね、今、狙ってるのさ。

サウジの王族は「自分たちの保身」以外、何も考えていない

ホメイニ師　結局、何を考えてるかっていうとね、自分のところの石油の値段をね……。

大川紫央　吊り上げる？

ホメイニ師　吊り上げようとしてるんだ。

大川紫央　なるほど。

ホメイニ師　だから、イランの油もイラクの油も、だんだん供給できなくなっていけば、自分のところで一手に利権を握れるから、「もっと豊かになれる」と思って

いるのさ。

大川紫央　なるほど。

ホメイニ師　だから、ライバルを倒しにかかってるので。そういうのは「裏切り者」だな。

大川紫央　もう、宗教を捨てていますね、発想において。

ホメイニ師　うーん。だから、この（サウジアラビアの）王制はやめたほうがいいよ。やっぱり、これ、絶対ね、「保身」以外、何もしないから。

大川紫央　それで、いちばん儲かるのが、その王族たちなんですよね。

ホメイニ師　そう、そういうことだよ。その金を使って、世界的に、政治権力をいろいろ動かそうとしておるんだな。

大川紫央　そうですね。なるほど。

ホメイニ師　だから、サウジに対してはね、いや、イランが筆頭（ひっとう）になってるけどね、ほかの国もよく思ってないところが多いよ。

特に、イスラム教国で油の恩恵（おんけい）を受けてないところとかはね、貧しい国もいっぱいあるんだよ、アフリカまで含（ふく）めてね。ほかにもあるけどね。だから、あんまりよく思ってないね。

イスラム各国の「女性の権利」についての意外な事実

大川紫央　ホメイニさんがされた「イラン・イスラム革命」というのは、「実は、その活動の参加者の半数は女性であった」ということが言われてはいますね。

ホメイニ師　うん。だから、「女性たちに政治的力を与えない」という革命ではない。で、それだって保守革命だけど、「保守でも女性が支持している」ということを……。

大川紫央　知ったほうがいい？

ホメイニ師　示したかったわけよね。

大川紫央　なるほど、なるほど。いや、それは大きいなと思ったんですよ。

ホメイニ師　要するに、「（イランは）女性差別をしている」というのが欧米の論理だからさ。「男性が女性を家畜や財産として売り買いするような抑圧した社会だ」というのが彼らの意見だからさ。

「女性が、そうやって私たちを支持しているんだ」と、「伝統的なイスラムの生活を、私たちも支持しているんだ」っていうことを言ったけど、それがPRとしては届いてはいない。

大川紫央　だから、イランの女性陣が虐げられているわけではなくて……。

ホメイニ師　イランのほうが解放されてて。で、サウジのほうがね、女性はもっとね、男に支配されていて、〝財産〟にされているのはサウジのほうなんだよ。

大川紫央　なるほど。確かに、（サウジでは）ついこの間ですものね、女性が車を運転できるようになったのは。

ホメイニ師　うん。イランのほうは、女性はスクーターに乗って走っとるよ、とっくの昔に。

大川紫央　ああ、なるほど。

ホメイニ師　だからね、こちらのほうが「女性の解放」が進んどるんだよ。

「人は、生まれによって尊いわけではない」

ホメイニ師　だからね、「王制でなきゃ（女性の解放は）進めない」なんて、そんなの嘘っぱちだよ。もし、それならね、明治維新の「幕府を倒す」なんていうことは、もう、おかしい話だからさ。だから、そうではない。

いやあ、それはね……、いやいやいや、人は生まれによって尊いわけじゃないんだよ。それは、「この世での修行」や「徳」や「人々の支持」によって、上に上がってくるべきなのであってね。

「欧米の女性は乱れに乱れている。われわれは家族を護りたい」

ホメイニ師　だから、女性のところは、それは欧米に比べれば後れているように見えるんだろうけども、ただ、腐敗も少ないというか、そんなに堕落してないよな。

大川紫央　そうですね。まあ、「西洋の女性観が必ずしも正しいか」と言われると、それは分かりませんよね。

ホメイニ師　女性はね、私たちイスラムの目から見ればね、欧米の女性なんか、もう九割は地獄行きよ。

大川紫央　なるほど。

ホメイニ師　ほとんど、もう、乱れに乱れとるじゃないか。ああいうのは駄目だよ。結婚前に、もう、いっぱい同棲してさ。男を次から次へと取っ替え引っ替えして、結婚してないことにしてね、あれしてるかと思えば、次は女同士で結婚したりさ。

　で、結婚しても、子供を捨てて離婚したり、養育費を要求したり、そんなの、二回も三回もやってるじゃないか。ああいう社会がね……。

　いや、解放した結果がああなるのなら、しないほうがよくてね。やっぱり、「（貞女）二夫に見えず」は大事だよ。

大川紫央　もちろん、基本的人権としては、（女性にも）なければならないところはあると思うんです。

でも、「自分たちのしたいようにできることがすべての幸福で、人間にとっての善であるか」と言われると、やはり、そうではない部分があって、「女性として、どう生きるべきか」ということも考えなければいけない、といったところですよね。

ホメイニ師　うーん。だから、いや、それは、女性についてもね、なるべく道を開こうとしている。

だけど、欧米型の、「男女対等に働いて、所帯主が二人になって、それで、それぞれに浮気していい」みたいな世界とか、「子供のほうの人権が、社会福祉事務所に投げつけられて、親が面倒を見ない」みたいな、そんな社会にしたくはないのよ、われわれはね。

やっぱり、家族は護りたいんでね。

個人主義が蔓延し、信仰心がなくなってきている日本

ホメイニ師　日本もそうだったはずだけど、欧米化してきたから。（一九）九〇年ぐらいから、ちょうど私たちの革命のあとを受けたぐらいからですけど、急に欧米化してきて、家庭がもたなくなった。女性がすごく意見を言って、男女が平等に働けるけど、それは、いつでも離婚もできるし、浮気したり、子供を捨てる自由もあるということになっとるからさ。

それは、やっぱり、元の日本のほうが、私はよかったような気がするし。

その結果、国は税収を上げようとしてたんだけど、所帯当たりの収入は減って、生活保護の数が増えとるんじゃないかな。

だから、「わがまま蔓延」して、それとね、「信仰心がなくなってる」のとが一緒に起きとるんだよ。

大川紫央　うーん。

ホメイニ師　先祖供養しないだろう？　祖先、自分の親や、じいさん、ばあさんとかを敬わない風潮は、宗教の衰退と一緒に来るものなんだよ。

個人主義？　だから、アメリカもいいところはあるけど、個人主義のなかにはね……、彼らから見りゃあ、こちらが集合の蜂とか蟻みたいに見えてるんだろうけどさ、「村社会や、家族や一族を護る」という伝統的価値観だって、別に、神に祝福されてないわけではないので。

「個人主義で、親の言うことをきかず、夫の言うことをきかず、子供との仲も切れて、好き勝手に生きていくのが人生だ」みたいなの、それが「天国的だ」っていうところまで、私たちは汚染されたくはない。

大川紫央　そういう考え方をしていると、結局、「国が何かをやらないのが悪い」

とか、「他人（ひと）が自分に対してこうしないのが悪い」とか、そういう発想にも、どんどんなっていきますよね。

ホメイニ師　そうそう。結局、それで「社会保障」だろう？

大川紫央　はい、そうです。社会保障で、また、一律に税金は高くなって、みんなが貧しくなっていくという悪循環（あくじゅんかん）ですよね。

ホメイニ師　うん、うん。稼（かせ）いだところから取って、そして、〝わがまま〟した人に補助金を出すんだろう、たぶんね。

大川紫央　そうですね。

ホメイニ師　離婚した女性に出し、また、子供を施設で引き受けたり、そんなのにいっぱい出して。
いや、それは選択の問題だけどね。よくなっとるのかどうかは、よく見たほうがいいよ。

大川紫央　一人ひとりの人間が、わがままな感じになっていっているところはあるかもしれないですけどね。

価値観の対立に戦争を持ち込むのはおかしい

ホメイニ師　いや、君ら、女性はどう見るかは知らんけどさ、アメリカみたいに、十代で男を何人もステディつくって、取っ替え引っ替えやってさ、結婚する前に同棲して、実験もいっぱいしてさ。そして、セックスの相性がええかどうか、もう、何人も何人も試した上で、十人も十五人も試した上で、それで結婚して、また離婚して、子供はどこかに捨てられてみたいな、こういう社会と、イスラムの「伝統的にちゃんと護る」っていう社会とは、そう言ったって一緒じゃないのよ。だから、「（イスラムでは）四人まで妻を持っていい」って言うが、みんなが持ってるわけじゃないよ。それは、裕福な人だけだけど、これだって、安易な離婚を避けるためには必要なこともあるんでね。これは、「国が面倒を見ないで、ちゃんと本人が面倒を見ろ」って言ってるようなところもあるからね。

大川紫央　一方で、「親に決められた相手と、若いうちに結婚をしなければいけなくて、ただ、その男性がどんな性格かは知らないから、結婚したものの、やはり、ＤＶを受けたりして、それでも離婚はできなくて」という人もいたりもするのでしょうけれども。

ホメイニ師　それは、日本のお見合い制度を、欧米が批判してるのと一緒じゃん。

大川紫央　うーん。

ホメイニ師　「付き合ったこともない人と結婚するなんて、親が決めるなんて、信じられない」って言って、「それは個人の権利の侵害だ」って言ってるけど、見合い結婚のほうがうまくいってるケースはいっぱいあるじゃない。

それは、大人たちの目、周りの目から見て、釣り合ってるかどうかを言ってるんだけど、個人が思うのは、みんな「欲望」だからね。必ずしも、それが「幸福」とは限らないんで。親の目とか、親戚や周りの目から見て勧めるものには、わりにいいものもあるんだよ。

見合いのほうが離婚率は低いと思うよ、たぶん。釣り合ってるから、たいていの場合ね。

だから、ちょっとはね……、いやあ、そういう価値観の対立は、そんな簡単には解決しない。それを、戦争みたいなものに持ち込んで……。

大川紫央　強制的に……。

ホメイニ師　それで正義を決めるというのは、おかしいと思ってるよ。

大川紫央　イランは、北朝鮮とはまたちょっと違いますからね。

ホメイニ師　そうそう。

大川紫央　みんな信仰を持っていて、おそらく、イラン革命に参加した女性たちもイスラム教を信じているから、やはり、「そういう宗教信条に合った生活をしたい」と選択して、革命が起こっているところもありますよね。

北朝鮮みたいなところは、もう逃(に)げられないじゃないですか。ですから、そこは違うとは思います。

ホメイニ師　別に、（女性を）奴隷(どれい)化してるわけじゃないんだけどね。そりゃあ、欧米から見りゃあ、魅力(みりょく)的に見えないだろうけどさ。

でも、まあ、改革はしてもええが、もうちょっとゆっくりと改革したいと思ってるだけでね。

2　中東と日本での魂の系譜

天上界からイラン革命を指導した存在とは

大川紫央　死後、あの世に還られてみて、「イラン革命」が天上界のどなたから指導があったかなど、何か分かったことはありますか。

ホメイニ師　私たちは、それは、アッラーとムハンマドだと思ってるけどね。

大川紫央　なるほど。

ムハンマドさんとお会いできたりするのでしょうか。

ホメイニ師　うーん。「ムハンマドさんとお会いできるか」っていうのは……。ムハンマドは、ちょっと、もう一段、「格上」だから、それは、そんなに軽々しくあれするわけにはいかない。

大川紫央　エル・カンターレをご存じですか。

ホメイニ師　うーん、名前は聞いている。

大川紫央　ハメネイ師とは、魂的(たましいてき)には、縁(えん)というか、つながりはあるのでしょうか。

ホメイニ師　私のあとだけどね、うーん。まあ、ハメネイのほうが、今、少し上の世界にいるんじゃないかな。

大川紫央　ああ、そうなんですか。

ホメイニ師　たぶん。

大川紫央　ハメネイさん（の守護霊）は、「八次元」とおっしゃっていたのですけれども。

ホメイニ師　ああ、そうなんだろうよ。

大川紫央　あっ、そうなんですか。

ホメイニ師　そう言うんなら、そうだろうよ。

●**八次元**　霊天上界は多次元構造となっており、地球系では九次元宇宙界以下、八次元如来界、七次元菩薩界、六次元光明界、五次元善人界、四次元幽界、三次元地上界がある。八次元には、人類の教師役として、宗教の祖や思想・哲学の根源になったような人が存在する。

大川紫央　中東にも、偉大な方がいろいろいらっしゃるでしょうから。過去世の一つはオスマン帝国の最盛期を築いた人物

大川紫央　ホメイニさんは、昨日、転生について、スレイマンと……。

ホメイニ師　いやあ、そういう名前もあるような気がするんだが。

大川紫央　オスマン帝国？

ホメイニ師　オスマン帝国は、違うかな？

大川紫央　ああ、では、違うところで、スレイマン……。

●スレイマン（1494～1566）　オスマン帝国の第10代スルタン。1520年、父セリム1世の跡を継いで即位。封建制度の確立や法典の編纂、軍事強化などを行った。また、積極的な海外遠征を行い、西アジア、東ヨーロッパ、北アフリカと領土を拡大、オスマン帝国の最盛期を築いた。

ホメイニ師　うーん。スレイマンという名前もあったと思ったんだが……。
　オスマン帝国が、スレイマンか。

大川紫央　いちばん有名な方はオスマン一世で、オスマン帝国の最盛期を築いた方がスレイマン一世なのですけれども。まあ、一世と付いているだけあって……。

ホメイニ師　いつごろなってたかな？

大川紫央　スレイマン一世だと、一四九四～一五六六年です。

ホメイニ師　ああ、そのくらいだったか。中世だわな。

大川紫央　ヒュッレムをご存じですか。

ホメイニ師　ああ、いたよ。

大川紫央　あっ、では、本当にスレイマン一世なのですね。すごいですね。

ホメイニ師　ヒュッレム、いたよ。

大川紫央　ヒュッレムは、奥（おく）さんで、奴隷（どれい）から奥様になられた。

ホメイニ師　うん。いたよ。

大川紫央　本当にスレイマン一世ですね。

ササン朝ペルシアにも生まれていたホメイニ師

大川紫央　では、ササン朝のときは違いますね。

ホメイニ師　ああ、別の名前かな。
ササン朝ペルシアは、もうちょっと前に当たるのかな。

大川紫央　もっと前ですね。

ホメイニ師　あのときは、うん？　オットーとか、そんなのいるかな？　オットーじゃなかったか。

大川紫央　ホスロー一世のときが最盛期とも言われているのですけれども。

●オットー１世（912～973）　神聖ローマ帝国初代皇帝。在位962年～973年。936年、ザクセン朝ドイツ国王となり、「帝国教会政策」によって教会勢力を取り込み、中央集権制を確立。また、962年、ローマ教皇から帝冠（ていかん）を受けた。

ホメイニ師　ササン朝ペルシアは、ちょっと古くなってくるが、いたことはいた。

大川紫央　ササン朝の時代に？

ホメイニ師　うん。も、いた。

大川紫央　このときは、まだイスラムではなくて、ゾロアスター教ですね。

ホメイニ師　イスラムの前なんだな。
ああ、ゾロアスターさんは、ちょっと知ってるんだ。

大川紫央　あっ、そうなんですか。

●**ホスロー１世**（生年不詳〜579）　ササン朝ペルシアの王。在位531年〜579年。父王（カワード１世）の政策を引き継ぎ、農業の推進、財政の安定化、軍事力の強化、官僚制の整備等を実現した。また、中央アジアやローマ帝国などへの遠征も行っている。ササン朝ペルシアの最盛期をつくったとされる。

ホメイニ師　こちらのほうは、ちょっと知ってるんだけどね。私は、あのくらい……。いやあ、でも、〝あれ〟だよ？　明治維新の志士ぐらいとだったら、けっこう会えるぐらいだよ。

大川紫央　だって、スレイマン一世は、歴史に輝く有名な方ですよ。

ホメイニ師　けっこう会えるよ。

大川紫央　スレイマン一世がいけるのであれば、ホスロー一世とかもいけるのかもしれません。こちらは、（在位）五三一～五七九年です。

ホメイニ師　ああ、古いね。このへんになったら、ちょっと古いから……。

大川紫央　古すぎますね。

ホメイニ師　それは、でも、イスラムが起きる前の……。

大川紫央　そうですね。

ホメイニ師　だから、やや衰退期(すいたいき)に入ってるんじゃないか。ローマが強くなってきて、衰退期になってるんじゃないかな。

大川紫央　それでは、スレイマン一世として生まれたときがあり、その前にはササン朝ペルシアにお生まれになったこともあって、そのときはゾロアスター教のほうだったと。

ホメイニ師　ゾロアスターとは会ったことがあるんだ。

大川紫央　おお、すごい。この世でですか？

ホメイニ師　いや、あの世で。

大川紫央　あの世でですか。それはすごいですね。

「徳川家の大奥」と「イスラムのハーレム」の意外なつながり

大川紫央　過去世のもう一つは何でしたか。

ホメイニ師　徳川ってのもいたな。

大川紫央　徳川秀忠(ひでただ)だったというのは本当なんでしょうか。二代目の。

ホメイニ師　何か、あんたがたは嫌(いや)がってる。

大川紫央　いえ、嫌がってはいないですけどね。

ホメイニ師　（約五秒間の沈黙(ちんもく)）何かいたような気がするんだけどね。あの……。

大川紫央　あとは、大日孁貴(おおひるめのむち)様とのご関係もあったとおっしゃっていました。

ホメイニ師　ああ、もう古い日本の……。

大川紫央　そのあとに聞いたところでは、徳川秀忠様だったのであれば、千姫様とも関係があることになります。お父さんですね。

ホメイニ師　うん。

大川紫央　そして、お江の方が奥様だったわけですね。

ホメイニ師　うん。で、このあと「大奥」ができるから、徳川にも。まあ、〝イスラム教〟なんだよ。

大川紫央　なるほど。I see.

ホメイニ師　「大奥」は〝イスラム教〟なんだよ。

大川紫央　後宮（こうきゅう）のハーレムとちょっと似ていますね。

ホメイニ師　うん。（秀忠は）「無能な方（かた）」と言われているけどね。

大川紫央　いや、でも、徳川秀忠のときは、安定はしていたのではないですか。

ホメイニ師　いなかったら、幕府は潰（つぶ）れているからね。

大川紫央　はい、はい、はい。

ホメイニ師　二代、三代でつなげたから、幕府がもっている。

大川紫央　そうですね。

ホメイニ師　治安はけっこう大変だったんだよ。

大川紫央　そうなんですね。
秀忠とお江のカップルのときは正妻の子供が継いだんですが、そのあとは違うんですよね。

ホメイニ師　あとは能力のない人もなっているからね。

大川紫央　そうですね。

ホメイニ師　だから、初代、二代、三代は大事なんだよ。

大川紫央　なるほど。

「明治維新(いしん)の志士たちと話ができるぐらいのところにはいる」

大川紫央　では、咲也加(さやか)さん（大川総裁の長女）のこともご存じでしょうか。

ホメイニ師　うん。

昨日の霊言(れいげん)ではちょっと足りないからね。だから、今日、補足に来た。で、足りないところがほかになければ、あれだけど。

大川紫央　なるほど。はい。

ホメイニ師　まあ、そういうことだから。明治維新(いしん)の志士たちと話ができるぐらいのところにはいるから、ということで。魂のなかにはもうちょっと偉(えら)いのもいるかもしらんけども。うん。

大川紫央　日本ではほかにも生まれたことがありますか。

ホメイニ師　うーん、あるかもしらんけども、そんなに、こう、意識的にちょっと……。今、あちらのイランのほうにいるので、（咳払(せきばら)い）ちょっと、あんまりよく思い出せないので。

大川紫央　はい。分かりました。

「アッラーが（地上に）出ているとイスラム教徒に知らせれば、世界革命になる」

ホメイニ師　いや、イランの危機だからね。何とか護(まも)らなくちゃいけない。

大川紫央　ただ、地上のロウハニ大統領やハメネイ師が、霊言を信じてくださるかどうかというのはあるんですけれども。
でも、本当に分かりやすく、よく教えてくださいました。

ホメイニ師　アッラーが（地上に）出ていることをイスラム教徒に知らせることができれば、それは「世界革命」になるから。

大川紫央　はい。

ホメイニ師　キリスト教のほうは、「キリストの再臨（さいりん）」はそう簡単に認めやしないが、「アッラーは、もしかしたら、あるかもしれない」と思ってるかもしれない。

大川紫央　なるほど。

ホメイニ師　うん。ムハンマドは教祖じゃないから。

大川紫央　はい。そうですね。

ホメイニ師　チャネラーなので。

大川紫央　預言者、チャネラー。信仰の対象はアッラーですものね。

ホメイニ師　アッラー。アッラーが出てきても、あちらの人は理解できる。

大川紫央　なるほど。

ホメイニ師　キリスト教やユダヤ教も理解していたイスラム教徒だから、幸福の科学はたぶん理解できると思うよ。うん。

3　イランは今文明最古の宗教発祥の地

実際の「イスラム教の天国」はどのような世界なのか

大川紫央　ちなみに、イスラム教の天国はどんなものなのでしょうか。

ホメイニ師　いやあ、そりゃあね、（イスラムの教えにある）「お酒の川が流れて、美女が侍って……」っていうのはちょっと嘘だったね。そんなことはないけど（笑）。

大川紫央　（笑）

ホメイニ師　まあ、普通。まあ、普通だわね。だから、似たようなレベルの人とが会っている感じだね。
少し、お酒とかね、男女の関係、厳しく言いすぎたから、ほかの国から評判がよくないんだろうけど。でも、日本だって欧米化してね、ビジネスマンたちは、夜、派手に遊んどるんだろう?

大川紫央　うーん。

ホメイニ師　それは、イスラム教だったら、やっぱり、望ましくないっていうことだから。本当はこちらのほうが宗教的なんですよ。仏教的に見てもそうだと思うし。

「イランの地は、中東の神々降臨の中心」

大川紫央　●メタトロンさんとも話をしたんですけれど

●**メタトロン**　幸福の科学のUFOリーディングにより、射手座のインクルード星から来た「メタトロン」と名乗る宇宙人は、イエス・キリストの宇宙の魂(アモール)の一部であり、6500年ほど前にメソポタミア地方に生まれたことが明かされた。『メタトロンの霊言』(幸福の科学出版刊)参照。

も、おそらく、メタトロンさんも、イランについては何らか助けるべきだと思われているところもあると思うので。

ホメイニ師　ああ、だから、ここはね、中東の神々降臨の中心なのよ、だいたいイランのあたりがね。もう数千年の歴史のなかで、西洋も東洋も両方に影響しているのは。だから、イランの宗教があって、ユダヤ教とかも影響を受けてできているので。

大川紫央　うーん。

ホメイニ師　イランの宗教がエジプトにもそうとう影響しているんで。それから、イラクとか、ほかにもあるけどね。イランなんですよ、元はね。

●イランについては……　2019年９月27日収録「UFOリーディング―カナダ・トロント巡錫の霊的真相編―（メタトロン⑤）」参照。

大川紫央　なるほど。

　イランは、地球の霊的な磁場として非常に大事なものの一つ

ホメイニ師　サウジに起きたのがイスラム教だけど、それはあとの話でね。元のルーツはイランなんですよ。

大川紫央　ペルシア帝国は栄えてもいるし。

ホメイニ師　そうそう。イランはね、オーラ・マズダとかね、そういうのがいた時代から、ずーっと（神は）いるし、アヌとか、そういうのも、このあたり（の神）なんですよ。

大川紫央　なるほど。

●オーラ・マズダ　ゾロアスター教における最高神。光の神とされる。

●アヌ　古代シュメールの天空神。

ホメイニ師　だから、古いんですよ。これより古いものは、もう、「最古のエジプト文明」と「最古のヨーロッパ文明」ぐらいしかないので。文字がある時代の宗教としては、いちばん古いものだと思いますよ。

大川紫央　分かりました。

ホメイニ師　だから、地球の霊的な磁場としては非常に大事なものの一つなんですよ。それを知っといてもらいたいなと思います。

大川紫央　はい。

ホメイニ師は今もイランを見守っている

ホメイニ師　だから、「（ホメイニは）地獄にいるわけではない」と付け足してくれるか。

大川紫央　はい。それは大丈夫です。

ホメイニ師　（前回は）ちょっと油断していたため……。

大川紫央　（笑）最初に出てこられたときには、「うーん」となっていて、すっきりじゃなかったから、「大丈夫だったかな」と……。

ホメイニ師　いや、いや、だから、ちょっと……。

大川紫央　昼寝(ひるね)をしていた？

ホメイニ師　昼寝の習慣があるんだよ。

大川紫央　なるほど。

ホメイニ師　すみません。

大川紫央　では、「今もイランを見守っていらっしゃる」ということで。

ホメイニ師　うんうん。だからね、アメリカにボロボロにされるつもりはないんで。

大川紫央　「護（まも）らなくてはいけないもの」がある？

ホメイニ師　うん、あるよ。

アメリカはワシントンとリンカンぐらいしか（神が）いないんだろう？

大川紫央　はい。

ホメイニ師　私たちには神々がたくさんいるんで。

大川紫央　分かりました。

アフリカ、ヨーロッパ、アジアをつなぐ大きな聖地

ホメイニ師　キリスト教なんか、私たちから見れば、ほんと、だいぶ下のほうの、

下流のほうの宗教なので。もう、ほんとに、孫、孫、ひ孫の宗教なんですよ。

大川紫央　キリスト教は「新しい」ってことですよね。

ホメイニ師　そうそう。『旧約聖書』に載っていることは、全部、イランの宗教に出ていることです。それが『旧約聖書』のなかに入り、それを受けて、『新約聖書』のキリスト教ができているんで。だから、元はこちらなので。「それを甘く見ちゃいけないよ」と言いたいんだよ。

大川紫央　メタトロンさんもメソポタミアに出ていらっしゃいますからね。

ホメイニ師　そうだよ。出ているよ。メタトロンも出ている。
だから、大事なんだよ。だから、ペルシアっていうのは偉大な国なのよ。（昔は）

今みたいにちっちゃくなくて、もうちょっと大きかったので。交通の要衝だしね。

大川紫央　医学なども、あちらからも発展しましたよね。

ホメイニ師　そうだよ。中世にも発展しているしね。だから、アフリカ、ヨーロッパ、アジアをつなぐ大きな聖地なんで。

大川紫央　分かりました。

「イランは、この一万年期の文明で中心的役割を果たしている」

ホメイニ師　インドも頑張ったけど、インドより古いね、やっぱり、こちらのほうが。「こっちからインドに行った」と言うべきだと思うよ。インドを啓蒙したのは、こちらだ。

だから、イランは、地球文明としては非常に古いものを持っており、少なくとも、この一万年期の文明のなかでは、けっこう中心的役割を果たしている。ヨーロッパは、あとから発展したもので、あとから来たものなんだ。

大川紫央　イランには、ホメイニ師から始まって、今、ハメネイ師もいらっしゃいますし、ロウハニさんもいらっしゃいますが、ほかのイスラムの国には、必ずしも、そのような方ばかりが一緒（いっしょ）に生まれているわけではないですね。サウジはサウジで、また少し違（ちが）いますね、たぶん、今。

ホメイニ師　うん。そりゃあね、いろいろあるでしょうけどね。そこまで入るのは、君たちにはかなり難しいかもしれないがね。

大川紫央　そうですね。今、いちおう、イランに「光の系譜（けいふ）」が流れてはいると思うんですけど。

ホメイニ師　「イランが、今、強く意見を言っている」ってこと。「危機」だからね。それもあるけどね。

大川紫央　分かりました。じゃあ、今回の霊言（れいげん）を補足で付けさせていただきます。

ホメイニ師　はい。

大川紫央　ありがとうございました。

あとがき

たまにテレビ映像で見るイランは、女性に黒装束(くろしょうぞく)を着せる権威主義的抑圧国家に見える。欧米から見れば、北朝鮮や中国本土のような全体主義的国家に感じられるだろう。だが、このイスラム教シーア派の盟主(めいしゅ)イランは、選挙で大統領を選んでいる国である。

女性ドライバーも多く、西欧常識とは違って、若い男女が喫茶店でデートもしている。先日は、サッカー大会に、女性たちが大勢サポーターとして素顔を出して応援している。この歴史的宗教大国は、ゆるやかであるが、変わろうとしている。

イノベーションは必要だが、その外圧が、空爆やミサイル攻撃による敗北だけであってはほしくない。

霊的には、日本と深いつながりのあるイランが、中東大戦争、ひいては第三次世界大戦の引き金にならないことを強く祈って、本書をここに刊行する。

二〇一九年　十月十五日

幸福の科学グループ創始者兼総裁　大川隆法

『イランの反論　ロウハニ大統領・ハメネイ師 守護霊、ホメイニ師の霊言』関連書籍

『信仰の法』（大川隆法 著　幸福の科学出版刊）
『日本の使命』（同右）
『リーダー国家 日本の針路』（同右）
『自由のために、戦うべきは今
　　――習近平 vs. アグネス・チョウ 守護霊霊言――』（同右）
『大日孁貴の霊言』（同右）
『メタトロンの霊言』（同右）
『イラン大統領 vs. イスラエル首相』（大川隆法 著　幸福実現党刊）

イランの反論　ロウハニ大統領・ハメネイ師 守護霊、ホメイニ師の霊言

2019年10月16日　初版第１刷

著　者　　大　川　隆　法

発行所　　幸福の科学出版株式会社

〒107-0052 東京都港区赤坂２丁目10番14号
TEL(03)5573-7700
https://www.irhpress.co.jp/

印刷・製本　株式会社 研文社

落丁・乱丁本はおとりかえいたします

ISBN978-4-8233-0124-7 C0030

カバー AA 時事通信フォト , AFP ＝時事 , KPG Ivary/Shutterstock.com
p.24 Julian Simmonds/Shutterstock.com, p.46 AFP ＝時事 ,
p.110 ABACA PRESS ／時事通信フォト , p165 [illegible]
装丁・イラスト・写真（上記・パブリックドメインを除く）© 幸福の科学

大川隆法ベストセラーズ・中東問題の本質を探る

日本の使命

「正義」を世界に発信できる国家へ

香港民主活動家アグネス・チョウ、イランのハメネイ師＆ロウハニ大統領 守護霊霊言を同時収録。哲学なき安倍外交の限界と、東洋の盟主・日本の使命を語る。

1,500円

リーダー国家 日本の針路

イランのハメネイ師とイスラエルのネタニヤフ首相の守護霊霊言を同時収録。緊迫する中東情勢をどう見るか。世界教師が示す、日本の針路と世界正義。

1,500円

ムハンマドよ、パリは燃えているか。
──表現の自由VS.イスラム的信仰──

「パリ新聞社襲撃テロ事件」の発端となった風刺画は、「表現の自由」か〝悪魔の自由〟か？ 天上界のムハンマドがキリスト教圏に徹底反論。

1,400円

イラク戦争は正しかったか

サダム・フセインの死後を霊査する

全世界衝撃の公開霊言。「大量破壊兵器は存在した！」「9.11はフセインが計画し、ビン・ラディンが実行した！」──。驚愕の事実が明らかに。

1,400円

※表示価格は本体価格（税別）です。

大川隆法霊言シリーズ・中東問題の本質を探る

イスラム国〝カリフ〟バグダディ氏に直撃スピリチュアル・インタビュー

「イスラムの敵になることを日本人は宣言した」──。「イスラム国」が掲げる「正義」の真相を徹底解明。これに日本と世界はどう応えるのか？

1,400円

イスラム過激派に正義はあるのか

オサマ・ビン・ラディンの霊言に挑む

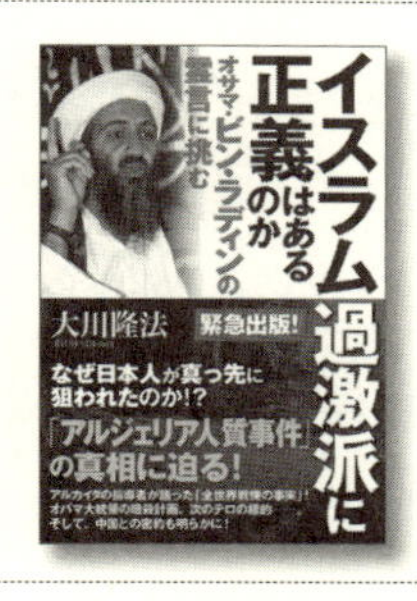

「アルジェリア人質事件」の背後には何があるのか──。死後も暗躍を続ける、オサマ・ビン・ラディンが語った「戦慄の事実」。

1,400円

世界紛争の真実

ミカエル vs. ムハンマド

米国（キリスト教）を援護するミカエルと、イスラム教開祖ムハンマドの霊言が、両文明衝突の真相を明かす。宗教対立を乗り越えるための必読の書。

1,400円

イラン大統領 vs. イスラエル首相

中東の核戦争は回避できるのか

世界が注視するイランとイスラエルの対立。それぞれのトップの守護霊が、緊迫する中東問題の核心を赤裸々に語る。【幸福実現党刊】

1,400円

幸福の科学出版

大川隆法ベストセラーズ・世界に正義と平和を

自由・民主・信仰の世界

日本と世界の未来ビジョン

国民が幸福であり続けるために──。未来を拓くための視点から、日米台の関係強化や北朝鮮問題、日露平和条約などについて、日本の指針を示す。

1,500円

愛は憎しみを超えて

中国を民主化させる日本と台湾の使命

中国に台湾の民主主義を広げよ──。この「中台問題」の正論が、第三次世界大戦の勃発をくい止める。台湾と名古屋での講演を収録した著者渾身の一冊。

1,500円

自由のために、戦うべきは今

習近平 vs. アグネス・チョウ
守護霊霊言

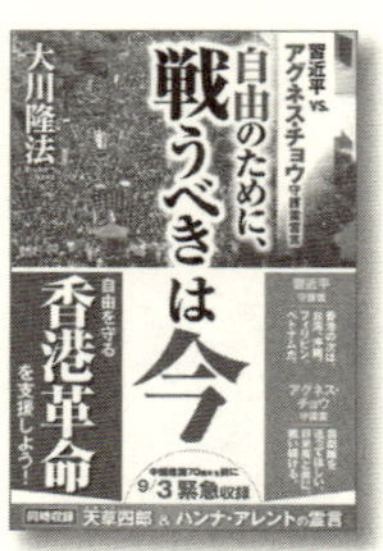

今、民主化デモを超えた「香港革命」が起きている。アグネス・チョウ氏と習近平氏の守護霊霊言から、「神の正義」を読む。天草四郎の霊言等も同時収録。

1,400円

守護霊インタビュー トランプ大統領の決意

英語霊言 日本語訳付き

北朝鮮問題の結末とその先のシナリオ

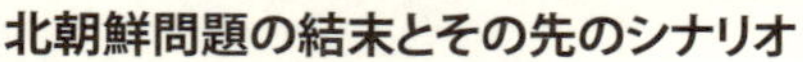
“宥和(ゆうわ)ムード”で終わった南北会談。トランプ大統領は米朝会談を控え、いかなるビジョンを描くのか。今後の対北朝鮮戦略のトップシークレットに迫る。

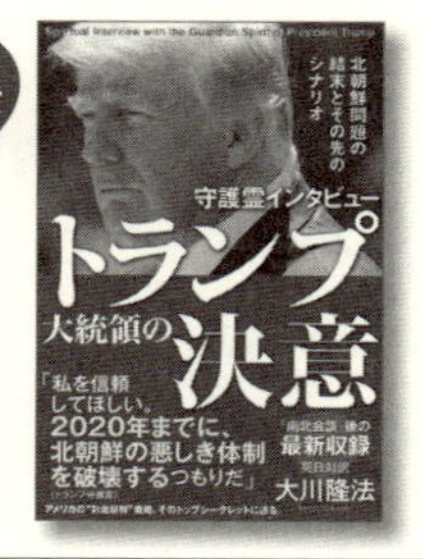

1,400円

※表示価格は本体価格(税別)です。

大川隆法 霊言シリーズ・中東を導いた神々

メタトロンの霊言

危機にある地球人類への警告

中国と北朝鮮の崩壊、中東で起きる最終戦争、裏宇宙からの侵略──。キリストの魂と強いつながりを持つ最上級天使メタトロンが語る、衝撃の近未来。

1,400 円

ゾロアスターとマイトレーヤーの降臨

知られざる神々の真実

なぜ、宗教戦争は終わらないのか。地球の未来はどうなっていくのか。公開霊言によって、霊界のトップ・シークレットの一端が明らかに。

1,300 円

ムハンマドの幸福論

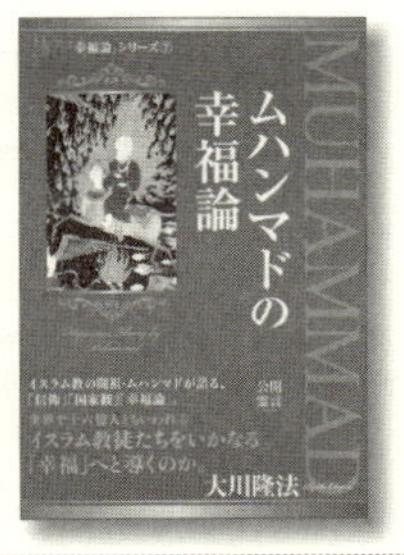

西洋文明の価値観とは異なる「イスラム世界」の幸福とは何か？ イスラム教の開祖・ムハンマドが、その「信仰」から「国家観」「幸福論」までを語る。

1,500 円

人類に未来はあるのか

黙示録のヨハネ & モーセの予言

近未来において、地球人類はどうなってしまうのか？ 日本の滅亡、中東での最終戦争、地球人口の減少など、黙示録のヨハネとモーセが語る、恐怖の予言。

1,000 円

幸福の科学出版

大川隆法シリーズ・**最新刊**

The Age of Mercy 慈悲の時代

宗教対立を乗り越える「究極の答え」

慈悲の神が明かす「真実」が、世界の紛争や、宗教と唯物論の対立に幕を下ろし、人類を一つにする。イスラム教国・マレーシアでの英語講演も収録。

1,500円

ジョシュア・ウォン守護霊の英語霊言

英語霊言
日本語訳付き

自由を守りぬく覚悟

勇気、自己犠牲の精神、そして、自由への願い──。22歳の香港デモリーダー、ジョシュア・ウォン氏の守護霊が語る、香港民主化の願いと日本への期待。

1,400円

オスカー・ワイルドの霊言

ほんとうの愛と LGBT 問題

世界で広がるLGBTの新しい波。同性愛はどこまで許されるのか。真の愛、真の美とは何であるのか。イギリス世紀末文学の代表的作家が、死後119年目の本心を語る。

1,400円

習近平の娘・習明沢の守護霊霊言

「14 億人監視社会」
陰のリーダーの"本心"を探る

2030年から35年に米国を超え、世界制覇の野望を抱く中国。その「監視社会」を陰で操る、習近平の娘・習明沢の恐るべき計画とは。毛沢東の後継者・華国鋒の霊言も収録。

1,400円

※表示価格は本体価格(税別)です。

大川隆法「法シリーズ」

青銅の法

人類のルーツに目覚め、愛に生きる

限りある人生のなかで、
永遠の真理をつかむ――。
地球の起源と未来、宇宙の神秘、
そして「愛」の持つ力を明かした、
待望の法シリーズ最新刊。

第１章　情熱の高め方
―― 無私のリーダーシップを目指す生き方

第２章　自己犠牲の精神
―― 世のため人のために尽くす生き方

第３章　青銅の扉
―― 現代の国際社会で求められる信仰者の生き方

第４章　宇宙時代の幕開け
―― 自由、民主、信仰を広げるミッションに生きる

第５章　愛を広げる力
―― あなたを突き動かす「神の愛」のエネルギー

2,000円

ワールド・ティーチャーが贈る「不滅の真理」

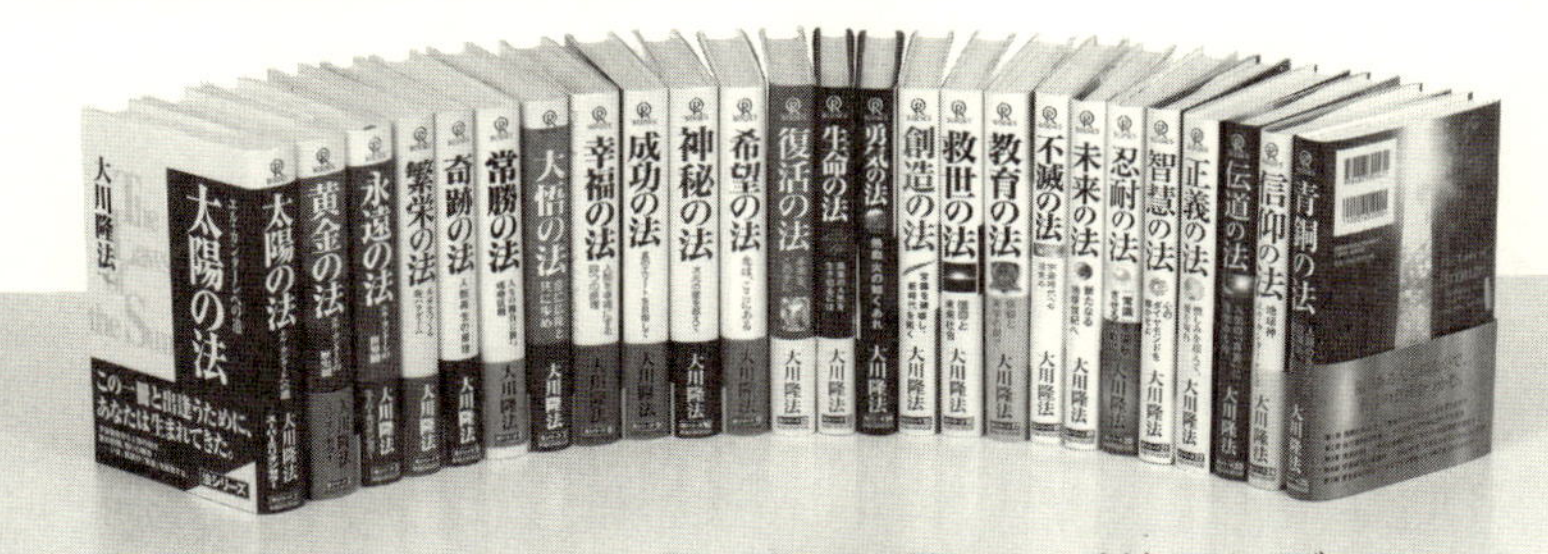

「仏法真理の全体像」と「新時代の価値観」を示す法シリーズ！
全国書店にて好評発売中！

幸福の科学出版

幸福の科学グループのご案内

宗教、教育、政治、出版などの活動を通じて、地球的ユートピアの実現を目指しています。

幸福の科学

一九八六年に立宗。信仰の対象は、地球系霊団の最高大霊、主エル・カンターレ。世界百カ国以上の国々に信者を持ち、全人類救済という尊い使命のもと、信者は、「愛」と「悟り」と「ユートピア建設」の教えの実践、伝道に励んでいます。

（二〇一九年十月現在）

愛

幸福の科学の「愛」とは、与える愛です。これは、仏教の慈悲（じひ）や布施（ふせ）の精神と同じことです。信者は、仏法真理をお伝えすることを通して、多くの方に幸福な人生を送っていただくための活動に励んでいます。

悟り

「悟り」とは、自らが仏の子であることを知るということです。教学（きょうがく）や精神統一によって心を磨き、智慧（ちえ）を得て悩みを解決すると共に、天使・菩薩（ぼさつ）の境地を目指し、より多くの人を救える力を身につけていきます。

ユートピア建設

私たち人間は、地上に理想世界を建設するという尊い使命を持って生まれてきています。社会の悪を押しとどめ、善を推し進めるために、信者はさまざまな活動に積極的に参加しています。

国内外の世界で貧困や災害、心の病で苦しんでいる人々に対しては、現地メンバーや支援団体と連携して、物心両面にわたり、あらゆる手段で手を差し伸べています。

年間約２万人の自殺者を減らすため、全国各地で街頭キャンペーンを展開しています。

公式サイト **www.withyou-hs.net**

ヘレン・ケラーを理想として活動する、ハンディキャップを持つ方とボランティアの会です。視聴覚障害者、肢体不自由な方々に仏法真理を学んでいただくための、さまざまなサポートをしています。

公式サイト **www.helen-hs.net**

入会のご案内

幸福の科学では、大川隆法総裁が説く仏法真理（ぶっぽうしんり）をもとに、「どうすれば幸福になれるのか、また、他の人を幸福にできるのか」を学び、実践しています。

仏法真理を学んでみたい方へ

大川隆法総裁の教えを信じ、学ぼうとする方なら、どなたでも入会できます。入会された方には、『入会版「正心法語（しょうしんほうご）」』が授与されます。

ネット入会 入会ご希望の方はネットからも入会できます。
happy-science.jp/joinus

信仰をさらに深めたい方へ

仏弟子としてさらに信仰を深めたい方は、仏（ぶっ）・法（ぽう）・僧（そう）の三宝（さんぽう）への帰依を誓う「三帰誓願式」を受けることができます。三帰誓願者には、『仏説・正心法語』『祈願文（きがんもん）①』『祈願文②』『エル・カンターレへの祈り』が授与されます。

幸福の科学 サービスセンター
TEL 03-5793-1727
受付時間／
火～金：10～20時
土・日祝：10～18時
（月曜を除く）

幸福の科学 公式サイト
happy-science.jp

ハッピー・サイエンス・ユニバーシティ

Happy Science University

ハッピー・サイエンス・ユニバーシティとは

ハッピー・サイエンス・ユニバーシティ（HSU）は、大川隆法総裁が設立された「現代の松下村塾」であり、「日本発の本格私学」です。建学の精神として「幸福の探究と新文明の創造」を掲げ、チャレンジ精神にあふれ、新時代を切り拓く人材の輩出を目指します。

人間幸福学部　経営成功学部　未来産業学部

HSU長生キャンパス TEL **0475-32-7770**
〒299-4325　千葉県長生郡長生村一松丙 4427-1

未来創造学部

HSU未来創造・東京キャンパス
TEL **03-3699-7707**
〒136-0076　東京都江東区南砂2-6-5

公式サイト **happy-science.university**

学校法人 幸福の科学学園

学校法人　幸福の科学学園は、幸福の科学の教育理念のもとにつくられた教育機関です。人間にとって最も大切な宗教教育の導入を通じて精神性を高めながら、ユートピア建設に貢献する人材輩出を目指しています。

幸福の科学学園

中学校・高等学校（那須本校）
2010年4月開校・栃木県那須郡（男女共学・全寮制）
TEL **0287-75-7777** 公式サイト **happy-science.ac.jp**

関西中学校・高等学校（関西校）
2013年4月開校・滋賀県大津市（男女共学・寮及び通学）
TEL **077-573-7774** 公式サイト **kansai.happy-science.ac.jp**

仏法真理塾「サクセスNo.1」

全国に本校・拠点・支部校を展開する、幸福の科学による信仰教育の機関です。小学生・中学生・高校生を対象に、信仰教育・徳育にウエイトを置きつつ、将来、社会人として活躍するための学力養成にも力を注いでいます。
TEL 03-5750-0747（東京本校）

エンゼルプランV　TEL 03-5750-0757
幼少時からの心の教育を大切にして、信仰をベースにした幼児教育を行っています。

不登校児支援スクール「ネバー・マインド」　TEL 03-5750-1741
心の面からのアプローチを重視して、不登校の子供たちを支援しています。

ユー・アー・エンゼル！（あなたは天使！）運動
一般社団法人 ユー・アー・エンゼル　TEL 03-6426-7797
障害児の不安や悩みに取り組み、ご両親を励まし、勇気づける、
障害児支援のボランティア運動を展開しています。

NPO活動支援

学校からのいじめ追放を目指し、さまざまな社会提言をしています。また、各地でのシンポジウムや学校への啓発ポスター掲示等に取り組む一般財団法人「いじめから子供を守ろうネットワーク」を支援しています。
公式サイト mamoro.org　ブログ blog.mamoro.org
相談窓口 TEL.03-5544-8989

百歳まで生きる会

「百歳まで生きる会」は、生涯現役人生を掲げ、友達づくり、生きがいづくりをめざしている幸福の科学のシニア信者の集まりです。

シニア・プラン21

生涯反省で人生を再生・新生し、希望に満ちた生涯現役人生を生きる仏法真理道場です。定期的に開催される研修には、年齢を問わず、多くの方が参加しています。
全世界211カ所（国内196カ所、海外15カ所）で開校中。

【東京校】TEL 03-6384-0778　FAX 03-6384-0779
メール senior-plan@kofuku-no-kagaku.or.jp

幸福実現党

内憂外患(ないゆうがいかん)の国難に立ち向かうべく、2009年5月に幸福実現党を立党しました。創立者である大川隆法党総裁の精神的指導のもと、宗教だけでは解決できない問題に取り組み、幸福を具体化するための力になっています。

幸福実現党 釈量子

清潔で、
勇断できる
政治を。

党首 釈量子

幸福実現党 釈量子サイト shaku-ryoko.net
Twitter 釈量子@shakuryokoで検索

幸福実現NEWS
「人生100年時代」
揺れる年金問題、今こそ抜本改革を

党の機関紙
「幸福実現NEWS」

幸福実現党 党員募集中

あなたも幸福を実現する政治に参画しませんか。

○幸福実現党の理念と綱領、政策に賛同する18歳以上の方なら、どなたでも参加いただけます。

○党費:正党員(年額5千円[学生 年額2千円])、特別党員(年額10万円以上)、家族党員(年額2千円)

○党員資格は党費を入金された日から1年間です。

○正党員、特別党員の皆様には機関紙「幸福実現NEWS(党員版)」(不定期発行)が送付されます。

＊申込書は、下記、幸福実現党公式サイトでダウンロードできます。
住所:〒107-0052 東京都港区赤坂2-10-8 6階 幸福実現党本部
TEL 03-6441-0754 FAX 03-6441-0764
公式サイト hr-party.jp

出版 メディア 芸能文化 幸福の科学グループ

幸福の科学出版

大川隆法総裁の仏法真理の書を中心に、ビジネス、自己啓発、小説など、さまざまなジャンルの書籍・雑誌を出版しています。他にも、映画事業、文学・学術発展のための振興事業、テレビ・ラジオ番組の提供など、幸福の科学文化を広げる事業を行っています。

アー・ユー・ハッピー？
are-you-happy.com

ザ・リバティ
the-liberty.com

幸福の科学出版
TEL **03-5573-7700**
公式サイト **irhpress.co.jp**

ザ・ファクト
マスコミが報道しない
「事実」を世界に伝える
ネット・オピニオン番組

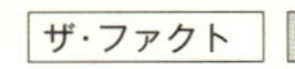

ニュースター・プロダクション

「新時代の美」を創造する芸能プロダクションです。多くの方々に良き感化を与えられるような魅力あふれるタレントを世に送り出すべく、日々、活動しています。 公式サイト **newstarpro.co.jp**

ARI Production

ARI Production（アリプロダクション）

タレント一人ひとりの個性や魅力を引き出し、「新時代を創造するエンターテインメント」をコンセプトに、世の中に精神的価値のある作品を提供していく芸能プロダクションです。 公式サイト **aripro.co.jp**

大川隆法　講演会のご案内

大川隆法総裁の講演会が全国各地で開催されています。講演のなかでは、毎回、「世界教師」としての立場から、幸福な人生を生きるための心の教えをはじめ、世界各地で起きている宗教対立、紛争、国際政治や経済といった時事問題に対する指針など、日本と世界がさらなる繁栄の未来を実現するための道筋が示されています。

講演会には、どなたでもご参加いただけます。
最新の講演会の開催情報はこちらへ。⟹ 大川隆法総裁公式サイト
https://ryuho-okawa.org